ARTUR SCHNABEL

MUSIC AND THE LINE OF MOST RESISTANCE

音乐诠释的困境
阿图尔·施纳贝尔论音乐

[美] 阿图尔·施纳贝尔 著

汪镇美 译

刘心童 校译

[美] 林恩·马西森 安·施纳贝尔·莫提尔 编辑整理

上海音乐出版社

施纳贝尔基金会提供版权

图字：09-2023-0660 号

图书在版编目（CIP）数据

音乐诠释的困境——阿图尔·施纳贝尔论音乐 / [美]阿图尔·施纳贝尔著；汪镇美译. – 上海：上海音乐出版社，2025.2 重印
书名原文：Music and the Line of Most Resistance
ISBN 978-7-5523-2646-8

Ⅰ. 音… Ⅱ.①阿… ②汪… Ⅲ. 阿图尔·施纳贝尔 – 自传 Ⅳ. K837.125.76

中国国家版本馆 CIP 数据核字（2023）第 136045 号

书　　名：音乐诠释的困境——阿图尔·施纳贝尔论音乐
著　　者：[美]阿图尔·施纳贝尔
译　　者：汪镇美
校　　译：刘心童

责任编辑：王嘉珮
责任校对：满月明
封面设计：翟晓峰

出版：上海世纪出版集团　上海市闵行区号景路 159 弄　201101
　　　上海音乐出版社　上海市闵行区号景路 159 弄 A 座 6F　201101
网址：www.ewen.co
　　　www.smph.cn
发行：上海音乐出版社
印订：上海中华印刷有限公司
开本：889×1194　1/32　印张：4.75　字数：107 千字
2023 年 8 月第 1 版　2025 年 2 月第 2 次印刷
ISBN 978-7-5523-2646-8/J·2449
定价：42.00 元

读者服务热线：(021) 53201888　印装质量热线：(021) 64310542
反盗版热线：(021) 64734302　(021) 53203663
郑重声明：版权所有 翻印必究

Hotel Peter Stuyvesant

CENTRAL PARK WEST ° AT 86TH STREET
8TH AVENUE SUBWAY AT YOUR DOOR
New York 24, N.Y.

First lecture, page 9, line 2:
access/ From the one newspaper serving
me all the information I can swallow
I have here a clipping which illuminates
that "matter of taste" problem very nicely.
I quote. ¶ Unquote. Well, that is
quite a salad ("even in this art perversion)!
Musical works of the nineteenth century
characteristic for being much too long for the taste of
the twentieth. — Now to me. With the
exception of Wagner, Bruckner and Mahler (he belonging to
our century already) I cannot guess who was meant.
Albeniz' effort longer than Beethoven's? Also
the newest, perhaps? Percussion as colour instruments,
again new to me. Too Nuovo an emancipation of rhythm?
I thought it a confinement of rhythm.
Comparison of simultaneous sounds with successive
sounds — very original !! line 2:
Now, if we accept
etc.

CENTRAL PARK — YOUR FRONT LAWN

阿图尔 · 施纳贝尔：1949 年为哈佛大学两次演讲中的第一次演讲"音乐——其作用与限度"所准备的手写草稿。艺术研究院，柏林，阿图尔 · 施纳贝尔档案 1337，fol.4r。施纳贝尔草稿所使用的便笺是由施纳贝尔在纽约的住所，位于中央公园的彼得 · 梅维桑酒店所提供的出版注解：

施纳贝尔所写的德文版《反思音乐》(*Reflections on Music*）一书，由凯撒·泽尔兴格（César Saerchinger）译为英文。

维尔纳·格林茨魏格（Werner Grünzweig）的《演讲介绍》(*Ad notam*）由奥利尔·达恩（Oliver Dahin）译为英文。

鸣谢：

《音乐诠释的困境》(*Music and the Line of Resistance*）：普利斯顿，普利斯顿大学出版社，1942。草稿与手迹：艺术研究院，柏林，阿图尔·施纳贝尔档案，518–520。

《音乐——其作用与限度》(*Music-its Function and Limitations*）未经出版。手写说明稿和打字稿：艺术研究院，柏林，阿图尔·施纳贝尔档案1170—1171以及1337。

《反思音乐》(*Reflections on Music*）：纽约：西蒙与舒斯特（NY: Simon and Schuster），1934，德文原稿与译文，手稿与打字稿：艺术研究院，柏林，阿图尔·施纳贝尔档案511—512。

目　录

译 者 前 言

本书作者——阿图尔·施纳贝尔（Artur Schnabel, 1882—1951）系奥裔美籍钢琴家、教育家及作曲家。生于十九世纪末，逝于二十世纪中，音乐生涯跨越西方古典音乐史的浪漫主义末期至二十世纪现代音乐的早期。被誉为二十世纪最伟大的钢琴大师之一，特别是对莫扎特、贝多芬、舒伯特、勃拉姆斯等古典大师作品的诠释，在他那个时代具有无与伦比的高度及权威性，以至于广泛而深刻地影响着以后几代的音乐家和演奏家。同时，他对音乐界、艺术界乃至知识界的思考也无不渗透到他的演奏、教学、个性及待人接物中。

师从施纳贝尔先生唯一的中国学生董光光女士，使我身临其境地体会到施纳贝尔的教学思想，也给了我在钢琴音乐蓬勃发展的中国弘扬施纳贝尔思想的愿望与勇气。

这本《音乐诠释的困境》是受施纳贝尔基金会的委托而译的。

此书包括了施纳贝尔在不同大学里的三篇演讲：第一篇是 1940 年在芝加哥大学的三次讲演；第二篇是 1949 年 12 月 11 日在哈佛大学的两次演讲；第三篇是 1933 年在英国的曼彻斯特大学接受他的荣誉学位颁奖仪式时的演讲，即他对音乐"爱的宣言"。这些跨度十几年的讲座，是施纳贝尔先生一生中少数几次用非演奏的形式阐述自己对音乐的看法，反映了二十世纪初期西方音乐界的发展与音乐家们所关心及讨论的主题。这证明了施纳贝尔不仅是伟大的钢琴演奏家、教育家、作曲家，也是个非常睿智的思想家及哲学家。他的思考不仅是音乐界而且是整个知识界所关心的。

我觉得这本书很难读懂，当然更难的是将它准确地翻译出来并呈现它的精髓。因为它既不是对乐曲的诠释，也不是对钢琴弹奏技巧的研究，而是对音乐史、音乐美学、音乐理论、演奏心理学、音乐哲学的宏观探讨。音乐到底是什么？它在社会中的价值是什么？"音乐是认知的还是情感的？它是神秘的还是理性的？音乐是交流还是表达？它仅仅是一种打发时间的微不足道的方式，还是对我们的生存至关重要的东西？"施纳贝尔的回答并不是非此即彼，二者选一；他的回答是二者皆可，二者并存。施纳贝尔不接受关于音乐的某一种特定想法或方式而排斥另一种同样有道理的想法。

编者在每次演讲后面都附有一篇对于演讲的解释和说明，建议大家先看看解释与说明，对演讲的背景有些初步了解，再读演讲时会容易懂一些。施纳贝尔的思维跳跃，言语直接甚至有些尖刻，有时较难跟随，读懂后才能体会到他所关心的问题是美国音乐界乃至世界古典音乐界、艺术界、娱乐圈的现状及今后方向。

施纳贝尔经历过两次世界大战，书中所表达的思想是二十世纪初期西方知识界所讨论、思考和争论的，具有浓厚的时代气息与历史背景。必须强调的是，呈现在此书中的观点并不代表其观点的正确与否，仅望大家能够抛开自己的某些偏见，原谅先生的某些偏见与尖刻言辞，把他的语言放到历史背景下，从中得到耳目一新的挑战与启发。

在翻译这本书时，我得到了施纳贝尔基金会的信任及许多朋友的帮助，在这里一并谢过。特别要感谢刘心童博士，感谢她在百忙中与我切磋探讨，给予此译文许多有价值并关键性的建议与修改。

最后，我愿将此书献给我亲爱的父亲汪坦[1]。他是一位建筑学家，但音乐是他一生的挚爱并对此有着很深的造诣。父亲对我的一生有着深刻的影响，晚年与我们的许多谈话内容与施纳贝尔的思考有太多相似之处。在看这本书时，我仿佛常常会听到父亲与我们的谈话，总感觉如果两人相识一定会成为朋友的。

谢谢！

汪镇美

---

[1] 汪坦（1916—2002），中国近代建筑史研究的奠基人、清华大学建筑学院教授、建筑教育家、建筑理论家、建筑史学家。

关于这一版

　　这本书是一组介绍我外祖父的著述与书信的第一本，下一本是书信集，正在准备中，将作为外祖父在1945年芝加哥大学演讲的新版本。那些演讲曾经被部分缩减后在1970年第一次出版，书名为《我的一生与音乐》（*My life and Music*）。提供书中的这些演讲和书信体现了位于康涅狄格州斯坦福市的施纳贝尔基金会成立时所设立的三个目标之一。基金会的其他两个目标是：出版施纳贝尔全部的作品，以及重新出版特丽莎·贝尔·施纳贝尔（Therese Behr Schnabel）、海伦·施纳贝尔（Helen Schnabel）及卡尔·尤利克·施纳贝尔（Karl Ulrich Schnabel）历史性的录音。我们非常幸运，能够得到三个非常敬业的公司的支持和帮助：德国霍夫海姆的云出版社（The Wolke Verlag, Hofheim, Germany），跟我们一起出版了文字作品；音乐作品是由位于纽约及汉堡的比尔古典音乐出版社（Peermusic Classical, New York and Hamburg）出版；位于纽约州查塔姆市的城市中心录音公司（TownHall Records, Chatham, New York），负责出版重新复制的录音。我们非常荣幸地称这些参与者为我们的朋友。

　　五年前，我的先生和我创建了施纳贝尔基金会。起初的动机是很悲痛的：我们的儿子，克洛德·莫提尔（Claude Mottier）在2002年8月的一次交通事故中丧生，成了无辜的受害者。他曾经是一位非常天才的钢琴家，但是因为身体原因，在拿到了钢琴演奏的大学文凭之后却不能继续他的追求。克洛德所选择的职业不可能实现了，于是他把精力转向了科学研究，同时以非常的热忱将精力投入宣传他音乐家庭的成就中。我们承担了继续他工作的任务，并让它开花结果。

如果没有柏林艺术研究院档案馆的帮助，我们的工作将是不可想象的。从 1999 年开始，研究院保存了施纳贝尔家族艺术家的所有档案资料，其中包括音乐家阿图尔、特丽莎、卡尔·尤利克、海伦·施纳贝尔，以及阿图尔·施纳贝尔的第二个儿子——演员斯特芬·施纳贝尔（Stefan Schnabel）。多年来，研究院的音乐档案馆与云出版社一起出版了许多有关施纳贝尔的书，其中：德文版的《我的一生与音乐》，德文书名为 *Aus Dir Wird nie ein Pianist* (1991)；柏林施纳贝尔展览的目录 (2001) *Artur Schnabel. Musiker Musician 1882—1951*；阿图尔·施纳贝尔作品目录，*Artur Schnabel Wekverzeichnis (Catalog of works)* (2003)；以及 2001 年在柏林研讨会上展示的作品集：*Artur Schnabel, Bericht Über das Internationale Symposion Berlin 2001*(2003)。

感谢我的合作者柏林的林恩·马西森 (Lynn Matheson) 对于准备这本书的支持，感谢艺术研究院档案馆馆长维尔纳·格林茨魏格 (Werner Grünzweig)，云出版社的所有者与主席，彼得·米雄（Peter Mischung）、帕特里夏·卢特纳斯（Patricia Lutnes），以及我的先生弗朗索瓦·莫提尔（Fançois Mottier）。特别鸣谢法国比亚里茨的玛丽·弗吉尼亚·福尔曼·拉·加雷克（Mary Virginia Foreman Le Garrec），他们慷慨的赞助使我们的基金会得以成立。

安·施纳贝尔·莫提尔，斯坦福市，2007 年 8 月
Stamford. August 2007, Ann Schnabel Mottier

音乐诠释的困境

前　言

你们在这个小小的册子里看到的是除了信件以外，我第一次彻头彻尾地尝试用英文思考和写作。如果有的地方有些词不达意，我请求读者原谅，因为英文不是我的母语。

这里出版的是 1940 年 4 月我在芝加哥大学所做的三个演讲。我需要感谢约翰·U. 内夫（John U. Nef）、凯撒·泽尔兴格（César Saerchinger）和罗格·塞申斯（Roger Sessions）给予我的许多宝贵的有关语言上的建议。

A.S.

一

我是一个音乐家，一个职业音乐家。一个音乐家的活动，就像他在我们社会中所代表的，是写作音乐、演奏音乐，以及教授如何阅读、创作和演奏音乐。即便他有时不得不借助文字，但也没有太多的理由要求创作音乐的音乐家去讲述音乐。他需要在乐谱上加写一些文字来向演奏者标明如何诠释乐谱上的音符；比如"速度"（即使在节拍器发明之后也仍然需要给予一些数字的标记）、音响和表情特征。简单来说，所有那些与音乐表演密不可分而又无法用记谱法来表达的元素，都必须借助文字这个媒介来传达。为了演奏的技巧，音乐不得不借用文字语言来表达，除非作曲家独享演奏及诠释自己作品的权利，并且是一首绝对独奏的作品。

音乐家对于乐器的选择是多种多样的。这些乐器中的大部分只能在同一时间里发出一个声音，但是也可以在这件乐器所允许的音域范围内发出一连串的声音。在弦乐器上，演奏者可以同时发出几个声音；在钢琴上（乐器中最大的），可以同时发出十个手指所能触及的声音；当然，在有附加音栓和踏板的管风琴上，可以同时发出更多的音。

致力于演绎乐曲中所有音符的独奏者，并没有比写音乐的人有更多的理由用文字来谈论音乐。只有当演奏者观察到作曲家以文字符号给予的解释性提示时，才会关注文字。一个需要多位演奏者才能完成的的演奏，比如合奏，本身就需要更多地使用文字。在一个（在我看来）最多八个人的小合奏中，必须要以文字的形式来讨论，演奏者们要交换各种意见来统一观点，调整演奏手法，以及恰当地平衡声部。

演奏大型合奏，比如管弦乐、合唱以及戏剧，要求有一个音乐家来指挥其他的演奏者，但是他自己在演出时并不演奏任何乐器。他作为指挥，是演奏者之间的联结和老师。相对于那些在乐器上把音乐的诠释具体化的演奏者来说，他并不是一个演奏者，也并不是一个老师。因为对于一个受人尊敬的专业合奏演奏者来说，并不需要来自指挥的除了对作品理解原则之外更多的指导。还有一个鲜明的对比就是，音乐老师的职责之一是努力激发学生的灵感，而指挥要做的却是力图限制每位演奏者自由的个性展现。他必须这样做！假如有一组为数众多、非常优秀并经验丰富的演奏者，若是让他们每个人都根据自己的感觉来自由发挥（特别是一首他们不太熟悉的合奏作品），那就非常可能出现令人不快的混乱。相反，另一种情况也会经常发生，一群不太有天赋且初出茅庐的演奏者，在一位伟大艺术家的激励和引导下（这位艺术家对他们的要求远远超过了他们自己的能力），往往可以完成纯粹而激动人心，近乎十全十美的演奏。

管弦乐队、合唱以及在某种程度上歌剧和清唱剧中的独唱，都必须服从指挥的命令，别无选择。即使是在协奏曲中担任独奏的演奏者，在很多情况下，他对这个部分的了解要比指挥多得多，也不得不放弃不同程度的自由，尽管在实际上，他的独奏部分和所担任的主导角色在这样一首乐曲中应该被接受。在许多情况下，一位优秀指挥的指导会释放多于压制。演奏者"个性"的重要性有时被过于强调了，至少在团队的合作过程中，必须加以控制。

（音乐家们）曾经尝试过在没有指挥的情况下演奏。1925年，我在莫斯科听过一场这样的音乐会。当然，更有意思和让人长见识的是观摩他们的排练。这些人都是专业演奏者，面对面地坐成一圈，就像坐在一个圆桌前，但是没有桌子。开头第一个乐句给人的印象非常深刻，仿佛是技术上的壮举，演练取得了惊人的成功。但是很快，演奏就变得越来越僵硬、机械，缺乏生命了，音乐被固定在一个又平又直的轨道里，没有丝毫自如与从容。顺便说一下，其实在这些人当中还是有一个人在管理"交通"（一位秘密隐藏的指挥），并且他们还有一个暗示细微变化的信号系统。说不定一些演奏上的细节已经事先通过投票决定了。对于演奏者来说，相互预示一些比较危险的地方还是必需的。但对于我来说，整个经历是毫无意义的，没有艺术，非常肤浅而做作。的确，真正意义上的指挥只是在空气中挥动一根小棒，仅仅是在晚期的音乐演奏史中才出现（即使是现在，这种没有声音的"乐器"［一根小棒］也经常被双手、双臂，或者其他无声的但是富有表情的身体部位所替代）。然而，随着日益增大的乐队规模，指挥便成为不可缺少的角色。他的出现，是因为要使得所有演奏者都能整齐而准确地演奏，旧的方法显然已经不行了，需要有人告诉他们如何继续前行并取得成功。

在我谈到从事教学的音乐家之前，我必须特别谈到音乐家中与文字最接近的作曲家以及歌唱家，因为他们与文字有着特殊的关系，他们是最接近文字的音乐家。创作声乐作品的原因是多方面的，用嗓音来作为主要乐器，传统可能是其首要的动机。其次，便是自然人声能够直接表达情感并赋予美感——且在音质上是没有其他任何乐器所能代替或者相比拟的。如果用文字来描述，或许可以激发音乐的想象力。文字为作曲家的作品提供了一种氛围，或者一种倾向，使得演奏者和听众对音乐的理解与作曲家无限接近。无论是独立还是社会的功能，个人还是公开的生活，私密还是族群的庆典，都需要在无约束的声音中，有平静和兴奋的共存，从而始终保证无与伦比的真实以及个性化的感触。每个人都拥有嗓音这件乐器，演奏这件"乐器"存在着无数的可能性，个人的使用习惯，以及一定程度上的使用技巧都会产生不同的效果。

人的嗓音，是人体器官的一个复杂部分，可以说话，也可以唱歌，在最初，两者很可能是相似的。区分它们的界限是当声音失去其固定音高的声调，因而从本质上发生了变化，被用于字词而形成音调。字词是音调的复合词。为了使这些复合词更容易理解，辅音并不发音，而是舌头和嘴唇运动的结果，被插入作为适当的连接音以及不可缺少的辅助音。真是不可思议的天才创意！这些复合词是实体、单元的组合物，显然是作为传达思想的载体而设计的，而先前所使用的沟通方式（比如单音调）就变得十分局限了。这可能就是结束使用单纯的音调来进行沟通的开始。今天，随着扬声器、扩音器和警报器的出现，单纯的音调作为播放者和呼叫者的最后位置将很快被取代。

在文字被创造出来之后，作为单纯的音调和以运动形式排列的音调，被圈限在自为一体的区域内，成为歌曲。音乐这个媒介由此诞生了，但有一个先决条件，我再重复一遍，是几个连续声音的并列出现。理性表达的必要性并不是音乐的功能。人类的精神赋予人类的声音以两种语言出现：一种为人类的智慧和目的服务；另一种为他的情感和先验的冲动服务。这两者接连不断地同时进入人的意识中。当与人交谈时，就需要用语言来表达了。对话是需要对象的，自言自语是很少见的。但无论是少量还是变化多端的声音，都是由个体发出的。只要提供音高和节拍，许多人能够同时以不同的节奏顺序唱出不同的音调，但是合唱的唱词必须有统一的节奏和音程才能够被理解。歌曲则完全取决于音调，而不是歌词；反之，演讲并不需要成为音乐。歌唱和语言文字可能恰好重合，这样发声时所产生的音调自然也成为文字的一部分。

没有一件人造的乐器可以说话（我不愿意进入电子发声的领域）。大多数声乐作品都配有歌词，或者，如果你愿意，也可以填以歌词。这种音乐的作曲者以及每位歌唱家都不可避免地比他在非声乐领域的同行更多地关注语言及其所代表的含义。但是这种在音乐中使用的文字非常不同于在讨论音乐中所使用的文字。在讨论音乐时，歌唱家和其他的音乐家一样没有太多的发言权。

在把声音表达的方式分为音乐语言和文字语言之后，这些能够独立存在的东西被融合成了第三种实体。这个全新的组合而成的语言仅仅是文字语言的部分，但却是音乐语言的全部。由于它的理性、宗旨以及功利主义的目的，文字语言无法充分地展现人类的表达欲，无法满足人类诗意地、神秘地表达野心。为了弥补这一不足，音乐一次又一次地被文字所吸引，即使在有趣地尝试之后仍然试图独立存在。顺便说一句，有一种音乐作品叫作"无词歌"（Song without words），尽管歌词绝不可能是歌曲的固有因素，但这个名字无疑是对此类实践毫无保留的肯定。在带有文字的音乐中，只有那些追求或至少是强调诗意的文字语言元素会与音乐结合。当人们想到当今有些流行歌曲中的愚昧、简陋和粗俗的歌词时，可能会觉得这个观点对他们来说很奇怪。但是，即使在这些庸俗的歌曲中，很多歌词仍然是从具有诗意的语言范围内挑选出来的。有些严肃的现代音乐家、超现实主义者已经有了打破这条旧规矩的特例。牛市的报告、警察的命令以及类似这般琐事都会被他们选来作为歌词。这种自高自大的玩笑并未持续太久。

　　众所周知，如何将解说式的或者现实口语中的讲话唱出来的问题，在歌剧和清唱剧中用所谓的宣叙调（recitative）中，以及后来延伸到朗诵唱（Sprechgesang-Speech song）时已经解决了。尽管被固定在了特定的音调上，但速度和讲话时的音调起伏都被保留了。只有在宣叙调中，语言才能保持一些它特有的交流的力量。事实证明，在歌词和音调的组合中，音乐因素始终占主导地位。歌词丧失了它们的主动权。

　　正如我之前所指出的，用音乐作为人们生活中各种活动的背景是一项古老的习俗。这种为不同场合而创作的音乐一定要洞察其中的差别，才能满足各种情境下不尽相同的需求。祈祷、摇篮曲、军歌，它们都有自己在音乐上的涵义。在此类音乐中，音乐本身的意义，并没有因为说的是陌生的语言或者没有歌词，而失去、减弱或者变化。你可以用广板唱一首有关野兔的歌，或者把急板用在蜗牛身上。仔细想想，这很荒谬。如果音乐对你来说是悦耳的，那么无论歌词是怎样的，它都是悦耳的。然而，我们必须要求并期待歌词和音调的关系就如理想和现实的对应，因为刻意使用一些无意义的表达，即使其中包含了一些有趣的瞬间，也只是无效而令人讨厌的伎俩。关于这些歌词的合理性——确实可以说是一种无稽之谈。如果你把歌词与音乐分开考虑，这样歌词的重要性就立即恢复了。但当歌词与音乐一起使用时，歌词在重要性上是注定无法与音乐相提并论的。

　　然后音乐提供了意义，只要听到一种类型的音乐，甚至将有些不合适的歌词加了进去，也不会与其他类型混淆。假设有人会在节目单中看到有关庄严的、悲痛的葬礼进行曲的介绍，后面是一行忧郁的诗，而后却毫无预告地更换了曲目，演奏了一首性质完全相反的音乐，比如加洛普舞曲或者吉格舞曲，难道这些人会相信自己听到的是葬礼进行曲？从另一个角度来说，一个人是否在内心听到这样一组音调，一组他经常听到与某些词相关联的音调时，会自然地记得其中的歌词？或者当他吹口哨，或哼这些调子时是否会记得这些歌词？（吹口哨的能力一定程度上跟唱歌很接近，我们用来发出口哨音的乐器没有名字，不存在乐器名字，这是很奇怪的。唱出歌词的同时吹口哨也并非完全不可能，虽然我想不会有很多人来尝试这个技术。有些吹口哨的人甚至可以同时吹出两个音。）

　　的确，一首歌的演唱者在没有认识到音乐线条不允许出现重音时，经常会因为一些强烈的描述性歌词而在演唱时强调某些单音。一组音看起来可能是模仿性或指示性的，但是绝不会做出真正的、原本的或者确切的描述。听见一串快速的音，你会联想到——上帝才知道是什么！一个表演者对歌词夸张的强调可能会扭曲音乐。然而，要想夺去音乐至高无上的地位，或者使音乐退居其次，还差得很远。如果他成功做到了，那听众可能会感到烦躁而并非愉悦，还可能会批评歌唱家像个演员。

　　低俗的音乐配上高贵的文字更暴露了音乐的廉价；优美而深刻的音乐即便使用了毫无意义的歌词，仍然可以将音乐的美传达出去。音乐从不扮演仆人的角色，除非在听觉减弱的情况下，否则它永远不会处于附属地位。但是如果听者全神贯注于视觉，那么音乐就会或多或少地降低到明显的辅助地位。例如，在电影中，就连音乐杰作也变得无足轻重了。伴随身体活动的音乐也会遭遇同样的命运。音乐作为音乐，只有在身体是被动的状态下才能被接受。歌词作为语言，从不会直接唤起对感官的反应，因此不可能削弱音乐的优势，因为音乐只作用于耳朵，并不同时作用于思维能力。逐渐认识到这种优势对音乐自主性的最终发展绝对是起重要作用的。

二

　　现在，在绕了一大圈以后，我可以开始谈谈从事教授如何写作、阅读以及演奏音乐的音乐家了。教师要求比作曲者和演奏者更广泛地使用文字。在音乐这个大行业范围内，教师有时会使用许多释义，这样一来就把话语权交给了那些以讲话为职业的人，那些在音乐行业边缘奋斗并试图从外部渗透到音乐领域中的人们，他们对所有与音乐有关的产品和事务进行或精或泛的解读和报道，但他们并不是这些产品的制造者。音乐的创造者则需要走相反的路，从内到外、从概念到现象、从构思到成型。教师的既定目标是立即并持久地将他所教的一切都转化为书面或可演奏的音乐，因此与插画师、命名者、诠释者和哲学家有着非常明显的区别。他的职责是向他的学生们介绍实际的音乐创作（或者称之为音乐的实现），从最初程度非常严格的起步，直到能够在高耸入云的音乐宇宙中翱翔。换句话来讲，从如何弹奏的基础技术训练到神秘的音乐思考，他必须提供一整套的课程，从完成看起来简单但适中的目标，用循序渐进的方法，（甚至有时看似令人恐怖）向着较高的中等难度的水平迈进，之后再向着一个绝对是可望而不可及的彼岸前进。

　　不用说，我的意思并不是要让一位老师教授音乐整体中所有的这些步骤（毕竟在任何情况下音乐整体都是未知数），而且我也不认为所有的学生都有吸收一切与音乐相关的能力。如同其他领域的训练过程中，给予最后阶段教育的教师并不是给予启蒙教育的教师。即使一个人可以同时做到这两点（关于这一点我持怀疑态度），那会是一种浪费，正如你不会去请一位登山向导去教婴儿走路。

我已经说过，音乐教师不得不比直接创作音乐的作曲家和演奏家讲更多的话。他必须教授一些被广泛接受的规则，这些规则都来源于过去音乐实践的积累。教师不仅仅是历史学家，也不仅仅是音乐分析者，他要从他所处年代已知的综合音乐知识开始教授。他的课程是被他年龄段的习惯和便利性所限制的。（这些习惯是如何形成的其实是一个谜，说不定很多时候只是偶然的。）一般来说，必须接受的事实是，只有很小一部分很老的传统音乐作品以及很小一部分现代作品被包含在音乐教师的教学曲目中。当然，每一代人都会对上一代教学的曲目进行调整，有时这种调整的速度比音乐家更新换代的速度还要快，尽管调整的内容并不多。既定规则的惯性具有不可抗拒的力量，谁知道这种坚韧的力量是应该被谴责还是被接纳？传统，就像在其他领域一样，绝不能因为有些已经过时甚至是不太正确而被全盘否定。

相对来说，学习作曲的学生只需很少的课程。所有写音乐的人（我认为没有例外）都是从学习一件乐器开始的。每一个将要成为指挥或者音乐教师的人也是一样。学习作曲的学生，要以早期的音乐作品和近代的一些举足轻重的创新作品为例（大多是具有前瞻意义视角的作品），从中学会用许多不同的方法来组织他们手中的材料。他们必须要从范例中学习如何对待不同的乐器，以及在实际作曲过程中尝试由简及繁的模式，来证明他们对此学科的理解。

天赋的独创性和不同性的蛛丝马迹以及天赋的类型，会在这些早期的训练中被注意到。哪怕只给予最低限度的自由，一个学生几乎不可能以与其他学生完全一样的方式去解决现有的问题。这证明了音乐除了一些基本和硬性的规定之外，并不是像乘法口诀表一样固定不变的，而且也不能对音乐做出任何正确的对错之分，也就是说，音乐超出了用数量或"道德"标准来衡量和判断的范围。

初学时显露出来的才能并不能保证将来的成就。一个看上去很固执的孩子以后很可能会超越那些在一开始表现得更有能力和伶俐的同学。实际上除了歌唱家以外，所有不管是业余还是专业的音乐家都是从小就开始接受训练的。歌唱家在这方面不同，因为他们的乐器——嗓子，只有在青春期之后才能达到稳定状态。另外一个原因是人不用老师教就会唱歌。人在不可能学习其他乐器的年龄就会自然地唱歌。此外，嗓音不仅仅是一项音乐天赋，也不能与想象力或者志向相提并论。一个人的嗓音有好有坏，而有没有一个好的嗓音是生理上的偶然。除了歌唱家，没有一个器乐演奏者是因为他们有一个好的乐器而成为演奏家的。你或你的父亲可以购买任何一件乐器，但是不可能购买或者租借一个"嗓音"。

应该要求所有学音乐的学生都学习作曲，不管他是否有天赋或者只是感兴趣而已。不幸的是，虽然这在过去是理所当然的，但这个要求现在却完全没有人建议了。近些年来，除了他们本专业的训练外，所有学习器乐或者声乐的学生都要附加一些所谓的音乐理论课的学习。这对作曲的学生来说是必需的，但对演奏专业的学生来说却帮助甚微。但是如果他们能够在作曲上尝试一下，或者至少可以通过模仿别人的音乐来加强或完善他们的音乐理论知识，这倒会对学习演奏的学生的发展有帮助。

学习演奏的学生需要大量的知识和训练。他必须在体力上付出努力才能使他的乐器发出悦耳的声音。（不用说，学声乐的也不例外，尽管同时又有本质上的不同。）一件人造的乐器，一个并无生命的物体，可以获得悦耳或刺耳的效果。它的运作方式就像乐器本身希望合作一样。人造的乐器不会都一样，哪怕是出自相同的时间段，用相同的手法，同一双手或者同一台机器并且使用相同的材料，但是它们的好坏却取决于演奏者在演奏时的喜怒哀乐。奇怪的是，如果优质的乐器仅仅发挥其最基本的性能，而较劣质的乐器能够发挥到极致，那么在效果上几乎是相同的。

未来的演奏家必须在脑子里努力去理解一首完整的音乐作品，并将其转化为实际且悦耳的声音。所谓理解并不只是一堆音的排列，而是一组成型而有组织的表达。他的教师必须在不束缚他对自由渴望的前提下，有条不紊地指导他完成多方面的要求，引发他对音乐的直觉，释放他的情感与才智。最终，教师必须注意塑造学生的志向、专注力和坚持不懈，使这些要求都成为一种永久的、不断增强的、鼓舞人心的、有意识的快乐。最重要的是，特别对于学习演奏的学生来说，要知道有关音乐的文字以及所有老师在上课时所说的言词，都仅仅是工具。演奏者在演奏时必须想到的是以这些工具为手段并付诸声音的实现，这时语言应该完全被遗忘。这些语言起源于音乐形式和对音乐形式的最细枝末节的认可，它们只是充当信使，向表演者传达这种认可的顺序和建议。描述性和规定性语汇的本身就与音乐格格不入，只是为了暂时的目的而插入的。当这些被认可的顺序和建议开始被执行时，信使就必须消失了。

只有很小一部分的词汇被用在这个方面，虽然这些为数不多的词汇有多种含义和用法，但是音乐家总是选择那些与音乐有关的。因此，无论是写作音乐还是演奏音乐，音乐概念和意图必须先于音乐本身的出现。

写音乐的人可以完全自由地打断他自己的音乐概念与思路，不管是什么造成的这种中断。他完全可以随意地从他正在创作的作品中的一个部分转到另一个部分或任何其他部分。（莫扎特经常是没有规律地同时在写几首不同的作品。）一个作曲家可能会花一整年的时间写一首作品，尽管当它被演奏时只持续了几分钟。然而，他写的每一段音乐都必须先有一个音乐构思。

然而，对于演奏者来说，一旦他开始演奏，思路就不能被打断。只有当音乐思维领先于音乐演奏时，才能确保始终需要的最大限度的专注。对前面所说的音乐思维的冲淡和干扰越少，集中力就会越稳固。

鉴于音乐的特殊性，音乐思维的领先在任何情况下都是唯一明智的方法。音乐必须在同一时间内受到心灵和听觉本身的激发、调节和控制，从而形成一个代表了作曲、指挥、演奏、听众及评论的整体。他们都是通过音乐这个媒介来沟通的，每一个参与者都会做出一份贡献。现在，用解释性的文字来说，有时用文字来提示图像反而会提高预期的结果。然而，这些提示有着专门的音乐含义。一个指挥可能会在排练时大声喊道："请拉得轻一点！（Pianissimo Please!）"或者他可以绝望地低语道："你们为什么不能拉得响一点呢？（Why don't you play fortissimo?）"被斥责的乐队队员们知道指挥想要什么样的音乐。当他冷冰冰地说"温柔""轻快"或"阴暗"时，音乐就必须是温柔的、轻快的或阴暗的。在演奏过程中，他必须通过他的活力来传递他的音乐思想，以确保表达方式及情感能达到他预期的效果。

不把任何文字作为成就演奏原始动力的另一个原因，是文字和声调之间的时间差异。老师曾经警告过你："不要在第一拍上给重音。"如果你能在开始这个乐句之前就记得这句话，那么你就会有时间让这句话付之于你的演奏。但如果你在到了这个有异议的一拍之前才开始想起老师的话，直到一切都结束后才想到最后一个词，那么，这一拍邻近的音就一定会被忽略，并被机械地弹出来；音乐一定会因为这些不均匀的处理而受到影响，这些不均匀的处理并没有在乐谱上被标出来。"先听，再弹！"这个建议似乎自相矛盾，但这却是概念和呈现的自然规律。如果这是针对那些必须把音乐的呈现转回为概念（也是自相矛盾）的听众来说，这将是另一个悖论。但这是针对演奏者的，对于他来说，这是一个重要的主导思想。就像我们可以用语言思考，可以朗诵这些文字，使得听者思考，我们也同样可以用音调来思考。但是同时用两种语言思考 —— 语言和音乐 —— 是不可行的，我也尽量避免把"思考"这个动词运用在音乐上，虽然我这一辈子除了"思考"音乐之外，基本上没做别的事，因为这个词会让人引起对认可、意图和判断的联想。

对于作曲家来说，把脑子里的声音概念，以及一系列特殊排列的声音具体化是理所当然的，他用可读的符号将自己概念化的声音具体化。为了实现完全的具体化，音调概念必须以声音的形式出现。演奏者在演奏之前，不能总是依赖脑子里的那种创造性的想法来演奏。就像我以前说过的，他必须熟练地掌握他所使用的乐器；为了努力满足对于乐器技术上的要求以确保他的乐器能够顺利运行，他很容易地就忽略了创造性的任务，以致抹杀了音乐富有想象力的一面。最精湛的技术以及无懈可击的乐器也不可能替代这种想象力。如果与音乐毫无关系，即使是完全正确及严格地忠实于乐谱上的标记也不会有太多帮助。教师必须坚持遵守演奏的自然规律。他必须让学生记住这样一条公理：这些音乐概念只在一个单一的场合里出现才有效。因此，必须让它在每一个新的场合里都能重新出现，但这个功能永远不可能成为下意识的。

三

　　音乐家（musician）一词不仅是指专业人士，也包括作曲和演奏方面的业余爱好者。当然，教学几乎就是专业人士的职业。业余和专业的区分并不基于才华的异同与高低，而是来自于他们所处的社会背景的不同。业余音乐爱好者是上流社会的产物，是一种智力型的运动员，如果体育精神能够与竞争和战斗分开的话。在当今的语境中，我从来不清楚现代概念的"体育"一词是什么时候被合理使用的。散步、游泳、骑马、爬山、打猎、钓鱼、划船等，这些是"体育"吗？所有这些活动都是人们可以独自追求和享受的，其中一些活动除了提供娱乐之外，并没有别的意图。或者，运动总是意味着对立面的存在，是对手之间的比赛考验并以胜负来结束。那么象棋属于运动吗？我不知道。但是我知道，在音乐领域，所有的努力都是朝着合作、统一、团结的理想方向发展的。没有一位音乐家会与另一位音乐家作对。所有在体育比赛中为打破纪录的奋战，和音乐家的那种奋斗，本质上是不相关的。

　　欣赏和参与高等文化生活一直是上层社会生活中的娱乐和义务。上层社会的人们一旦有了足够的空闲时间和精力，就会从事任何有吸引力的、有价值的以及需要身体力行的活动，为此也会大大提高他们的个人声望。在这种环境中长大的孩子们一直被期待和鼓励跟随他们父母和祖辈的足迹；至少，他们有更多的机会接触到艺术珍品。具有杰出才华的上层社会的儿童可能会受到比一般人更特殊和更全面的训练。长大后，他们可能比其他人更热衷于音乐，但他们并不是都会成为职业音乐家。职业音乐家（甚至那些成名的音乐家）在很长一段时间里都没有社会地位。任何一个出生于上层社会而把音乐作为职业的音乐家，都必须表现出无可置疑的才华，否则他不会被他的阶级所接纳。（在这种情况下，职业并不解释为谋生的手段，而是一项毕生的事业。这项事业不仅要满足专业人士，并且要满足其他人接触音乐的愿望。）

因此，业余爱好者是基于天才、传统以及所处环境而决定的。他第一次接触音乐是将其视为一种艺术，是作为一种最崇高的愿望。我不会毫无保留地坚持所谓的社会背景论。音乐上的天赋，和任何其他的天赋一样，明显地分布在人与人之间，与社会地位无关。我只想指出一个事实，即上层社会的成员虽然是一个较小的群体，但在他们掌握话语权的范围内，他们是艺术的消费者和支持者。他们所欣赏的价值观很少是他们自己创造的，但却一直是为他们而创造的。他们自己的音乐活动是他们所支持的价值观的重要组成部分。

并不是所有这些人都是音乐的业余爱好者，但可以说，每个家庭的每一代人中注定会有一位天生具备享有并发扬音乐文化这一令人愉快的特权和责任的人。大多数业余爱好者以演奏音乐为主；那些作曲的人可能也写了一些一般的作品，虽然也在更高的领域里做了一些相当成功的尝试，但是无论功用何在，总是与他们圈子中高水准的"艺术音乐"发展有些关联。在这些圈子里，哪怕是娱乐音乐的形式也与普通民众中流行的歌舞有着鲜明的区别。那些被我们轻描淡写地归为业余爱好者所引以为傲的产物，其实都是由专业音乐家完善的，而他们大多出身卑微。他们的环境并没有给予他们任何创作审美的激情，不管他们是什么类型的职业音乐家，仅仅是因为他们有毋庸置疑的天赋。作为专业人士，他们自然地就会为富有的音乐赞助者服务。

随着音乐的发展，音乐家们的服务越来越多样化。管弦乐团，特别是现代化乐团，无论是为了娱乐还是为了精神享受，都要雇用许多乐手，尽管并不是所有的乐手都演奏具有同样难度的声部。为什么有音乐天赋的人以及被音乐吸引的人，会选择打鼓来展示他们的天赋，并满足他们对音乐的渴望，这在我看来有些神秘。幸运的是，有些人确实选择了它，但是不要想当然地认为这会吸引业余爱好者。然而，由完全或部分业余人士组成的管弦乐队并不罕见——尤其是自从中产阶级开始加入并代替了那些贵族来主宰音乐活动，音乐从此在宫廷、城堡和沙龙以外的领域更广泛地传播开来了。由于经济原因，这些业余管弦乐队主要出现在那些专业管弦乐队无法生存的地方。要么地方太小，要么是对音乐感兴趣的居民不够多，不能承受管弦乐队这样的"奢侈品"。旧时的那些经营着自己的管弦乐队，并经常给人们免费入场听他乐队的音乐赞助者，渐渐地消失了，于是人们开始付费听音乐。除了那些在剧院工作的人，合唱团（甚至是大型合唱团）仍然一直是由业余爱好者组成的。

值得怀疑的是，在一个大型的职业乐队中，每个演奏者是否知道他自己声部以外更多的内容，知道他在演奏自己声部的同时，整首作品在音乐进行中所发生的一切。就像歌剧中的不同角色，话剧中的演员一样，经常对他们不参与的情节一无所知。

如果这并不是正确的态度，是可以理解的，因为许多所提到的音乐活动实际上包含了一些类似手工业的特点，是可以由一些受过训练，但天赋一般的专家来完成，而这些专家不一定要成为非常高尚的艺术家。但是这种超然的态度从来都不会是业余演奏者的态度。他与音乐的连接不仅来源于他的天赋和他的训练，而且主要来源于他对音乐，一个整体的音乐越来越亲近的欲望。他无私地追求从自愿且崇高的行为中获得个人的幸福。他不需要考虑演奏的完美，也没有必要浪费他宝贵的业余时间来做太多的技术准备。哪怕没有成熟的技巧，简单地靠着认真热情的力量，也可以一点一点地进步。对业余演奏者来说，理想的乐器是钢琴，因为钢琴有数量惊人的杰作。钢琴的优点是，大多数为其他乐器而写的作品都可以为其而改编，而损失的只是其他乐器特有的音色，与其所获得的益处相比，这种损失并不太大。钢琴家不需要搭档就能了解音乐。管弦乐队的作品也可以改编为四手联弹来呈现整首作品。

自从发明了能够再现音乐的机器，真正热爱音乐的业余演奏者令人担忧地越来越少了。我希望阻止了那么多业余演奏者脚步的留声机和收音机，现在可以开始吸引一些新的音乐爱好者。关于这一进程的详细统计数字将具有指导意义，但到目前为止还未可知。这些放弃者们为停止与音乐的接触提供了几种借口。他们对自己的演奏很失望；无法实现自己对音乐的理解；意识到演奏这些作品所需要的能力，并听到了自己永远达不到的演奏水平。这些理由并不是非常有说服力，而且有些自欺欺人。无论如何，在这一点上，不参与音乐活动无疑不如参与音乐活动。没有任何事情可以代替参与。与反复演奏或"阅读"音乐相比，听一段音乐（甚至反复听）在内心深处产生的亲密感是肤浅的。每个喜欢音乐的人都应该培养阅读音乐的能力，就像阅读文字一样。

在我看来，放弃这样一种最高尚、最丰富、最具有成就感，因爱而行动的机会，最主要并且最致命的原因是来自外界不间断的诱惑，迫使我们变得太懒惰同时也太繁忙了。其实专业的音乐家，哪怕是他们中最优秀的，也会感到非常失望的。他们也是既不能实现自己对音乐的理解，也不能达到公认的演奏标准。如果他们听不到比自己更好的演奏，他们可以想象更好的演奏。

我再重申一遍，业余爱好者通常来自那些有音乐天赋的上层社会成员。一般来说，他们只接触较高雅及最高雅类型的音乐。所以我不会称呼一个只是为了自己的乐趣而胡乱学习或自学了一点钢琴或小提琴，或者口琴、手风琴、曼陀林，或者仅仅通过演奏一首小曲来自我满足的人为业余爱好者。我绝不会称一个演奏拙劣的人为业余演奏者，也绝不会称一个只是将垃圾音乐演奏得漂亮以外没有更高追求的人为业余演奏者。这类人即使可能成功，充其量也就只是个有灵气的笨蛋。与此相反，专业的音乐家，无论他演奏什么音乐，无论演奏的质量如何，都是一位音乐家。这也适用于作曲家。按照我的定义，业余演奏者总是站在比专业音乐家更高的层面上，他们从来不创作，也从不热衷于创作可以被归类为艺术的东西。不是所有的音乐家都是艺术家。到目前为止，我很少而且只是偶尔使用"艺术"这个词。这种避讳是故意的，我将把这个问题留到我后面的论述中去讨论。

四

在继续之前，我希望再多介绍一下我自己。五十年来，我一直是一名职业音乐家。我的职业在我七岁的时候就被决定了，是从弹钢琴和写曲子开始的。当我十二岁的时候，教学活动加进来了，从此再也没有中断过。几年前我还做了一些常规作品的编辑工作。在这五十年中，我从未撰写过关于音乐的文章，也没有做过有关音乐的演讲，只有一次例外：在1933年的一个特殊场合下，我公开宣读了我为音乐所写的一长篇"爱的宣言"。我之所以告诉你们所有这些，是要强调我是作为一名旁观者和一个局外人在这里漫谈，并不是一个业余讲演者，因为业余人员不会在公共场所讲演。

我说这些话并不是为了道歉，也不是为了请求宽容，更不是出于谦虚。作为一名音乐家，我的精力主要集中在创作、演奏和音乐教学上。到处巡演的生活其实是一种懒惰的生活。特别是当他需要出现在地球上任何一个有音乐会的地方，他的大部分时间就都必须花在轮船上、火车上和飞机上。在旅行中，他必须仔细地调整他的身体以及身心状态，以保持他在公众面前的形象，这就成为了一种责任。此外，他还必须满足无止境的宣传，履行社会义务，听取同事的意见和建议，等等。在他不用登台的几个星期或几个月里，部分时间要用来准备下一个音乐会季。准备时间的长短完全取决于演奏者的类型和他的曲目范围。我认识一些音乐家，他们能够在同一天内，完成他们的音乐创作、演奏音乐会和教授学生，几乎一年到头不间断。除此之外，他们仍然能够奇迹般地抽出时间写作和谈论音乐，并参与以他们的名义而安排的所有活动。

我本人不属于这群多才多艺的"蚂蚁"，顺便说一句，这些人，绝对不是普通人。由于在公共场合演奏是我首先要做的（感谢这是我事业赞助人的意愿），正如你们所能想象的，我已经没有太多的时间用于我最喜欢的作曲以及教学。即使我比较确信我能够通过写文章、书籍和做关于音乐的讲座来获取更多的好处和利益，或者我更适合并更能被这些所吸引，甚至经过努力后会做得更好，但在我完成我首先要做的所有工作之后，留给我的剩余时间肯定不够用来培养在文学领域应有的严谨态度。我太尊重它了，决不能轻率地对待它。

我能在短短的假期中或其他时间读到的书（不多），如你们所知，其中大多数并不是关于音乐的书。我对数据、理论、系统的了解，以及对伟大音乐家私事的熟悉程度，是非常有限的。我的领域是纯粹的音乐活动，并不是研究工作，不是科学（但还是井井有条的），也不是理论。在这个纯粹的音乐领域内服务，学术研究既不是先决条件，也不是最终目的。我所要说的音乐，是在这两种意义上来说都是纯粹的音乐体验的结果，是通过连续不断地体验而获得的经验。澄清这一点似乎很重要，否则的话，人们可能会认为我自命为或将要成为一个专业的演讲者。虽然这种自负对我来说是陌生的，但对于一个愿意保持自己在正当权限范围内的音乐家来说，我很高兴能有机会在一种没有一定既定模式或条条框框的氛围下，把我对音乐和围绕音乐相关的一些想法叙述出来。

现在回到我的主题上——音乐：许多音乐家从事艺术领域以外的音乐制作和传播。这类工作或许会粗制滥造，或许会光彩夺目，亦或许处于两者之间的任何状态。

我坚信，每一位音乐人（不仅是大师，即便是在最拙劣的音乐中最差的演奏者）都具有音乐才能。一个音乐家的职业是否可以机械地被决定？还是偶然地降临？或者正如我猜测的，与一些其他职业一样，并不需要特殊的才能与技巧？这是否被深入调查过？能否经得起推敲？音乐之所以被选中，是因为它和其他工作一样只是一份"工作"吗？我对此表示怀疑。在所有领域中，虽然有许多音乐家在决定成为专业人士后，往往表现得好像音乐对他们来说并没有什么，只不过是一种收入的来源而已，但我真怀疑他们所作出的或为他们所作出的决定，是否只是一个机遇或是一种偶然。我认为是音乐在召唤所有的音乐家，无论是业余的还是专业的，写作音乐的还是音乐的朋友，音乐的才能成就了这个召唤。我有些矛盾，不知该把那个我拒绝称其为业余爱好者的鼓手（见第三章）放在哪里。他是否也很有天赋并被召唤了？必须明确以下这点，即在我们劳动分工化的文明社会中，质量本身并不能被认为是文明的一部分。

至于那些处于音乐家之中并用他们及他们的"产品"做交易的人，是否与音乐本身有内在的联系，或者只是以此谋生，就像他们在用任何其他商品做生意一样，这是很难知道的。这两种类型恐怕都存在。

直到不久以前，几乎所有的职业音乐家们（除了那些进行比较初级工作的人）都同时致力于三种音乐活动：创作、演奏和教学。我想，作曲家和演奏家的划分是随着音乐作品数量的增加，公众音乐生活的扩大以及对演奏需要的增加而开始的。过去有些音乐家也写音乐，但是那些大师是直到十九世纪才这么做的。在此之前，音乐或多或少地只在当地流传，并得到教会、宫廷和朝臣的支持，但还没有得到不知名群众的支持。在新教教会里，全体教徒参与合唱，但我认为只有少数的教徒会在音乐方面走得更远一些。

为迅速扩展以及复杂化了的音乐而编纂的表格、教材、简编和字典不断涌现，在多数情况下，它们是由更适合筛选性工作而非创造性工作的音乐人员编成的。其实，在十九世纪，许多音乐天才也参与了对音乐本质和形式的公开讨论。舒曼、韦伯、柏辽兹、门德尔松、瓦格纳以及李斯特都写过有关音乐的文章。这些文献中有许多都具有永久的价值和意义。但所有这些既不属于学院派大师的箴言一类，也不是纯粹的说教或理论性的研究工作。他们以非常友好的方式点评作品和演奏；他们宣传理想主义，提出问题；他们致力于组织扩大音乐教育，并通过实用的但不是商业性的建议传播音乐。柏辽兹写了一篇有关配器的无与伦比的论文，还有一部非常人性化并感人的回忆录以及其他一些文学作品。只有瓦格纳代表他自己的立场，写得具有争论性。

为培养创作杰出作品所要求的能力而设计的教科书和音乐作品大量增加，同样的，越来越多"时髦"的作品成了展现技巧的游乐场。音乐的学习材料是由一些颇有天分的小人物提供的；其中许多仍然在使用中，并被视为无可争议的。差不多同时，音乐家们也开始收集并比较伟大前辈们作品中所有可追溯的版本，这通常是非常艰难的。后来音乐学院成立了，对这些努力提供了很大帮助。

十九世纪下半叶，音乐家的文学活动出现了明显的停滞；那个时期最伟大的音乐家们都保持沉默，大概是由于一些专家似乎接管了音乐启蒙这部分。这些专家（非音乐家，如果你们可以接受我所做的区别的话）是那些努力调查研究和甄别那些大量未被发掘的音乐创作和实践的人。顺便说一句，音乐的负责人和有关音乐的讲座构成了音乐学院中最新的组成部分。在我们这个时代，作曲家（尤其是那些享有很高声誉的所谓新音乐的倡导者）再次参与到了对音乐的文学反思中。这种现象与十九世纪上半叶的音乐形势相似，充满创新。然而，与那时候的同行相比，我们这一代却沉迷于理论。也许正如他们所声称的，现在的创新可能比其他任何时期所见证的更为影响深远和触及根本。这些大多数有关音乐的著作以及公开演讲都是他们对自身技术方法教条式的辩解。这很新鲜，因为这种从作曲技巧中提取理论的新发明，过去很少由发明者自己提出。

现在，到了我要面对这些仅仅使用文字为音乐做贡献的专业人士的时候了，业余人士在这里是不可能有一席之地的。与音乐家最接近的是音乐编辑，他们为解决技术问题提供设计方案，并为音乐制作提供常规或特殊的协助；他们为音乐家搜集汇总，比较和对照重要的建议，同时合理地筛选在这一特定领域中蓬勃发展的大量深奥的奇思妙想；他们是对音乐作品进行修改、编辑和评论的人。这类工作大部分掌握在那些实际上以某种方式从事音乐实践的人手中。

在他们与那些描绘广阔音乐世界、它的崛起、它的方式以及它的影响的人之间，站立着批评家。如今，音乐评论家几乎是下意识地被理解为一名新闻工作者。在新闻报道中使用批评其实是批评的衰退。最初，评论意味着对概念的阐述、检验和辨别，所谓新概念，或衍生于旧概念，或与之相对立。它唯一的目的是分析知识获取的不同模式并解决问题。这是由最有学问的人开始，并为他们而做的，当然，他们因不同观点而分为不同派别。在我们接受义务教育之前，所有会读书写字的人都是有学问的。今天，当每个人都能读和写的时候，在把一个人列为受过教育、有学问或是有文化的少数人之前，就必须先知道他在读什么。

不用我来告诉你们社会的发展是如何促成了每日的报纸。"新闻业"（journalism）这一术语似乎用到哪里都不再合适了，它可以更好地用"分钟论"（minutism）来代替，因为在大城市里，整天每分每刻都会有新的报道不断发行。而且，说实话，很大一部分所谓的新闻，在以前几乎没人认为是新闻。

如今，每当音乐作品及演奏会向大众开放时，为报纸撰稿的音乐评论家有着向"公众"通报这些作品和演奏质量的既定职能。他们的批评显然并不是为了指导那些受到批评甚至是将要看这份报纸的音乐家们——尽管音乐家们也经常受益于有关音乐会的报道。这些对音乐家而言，不仅仅是对公众的影响，还可能会增加评论家在音乐产业中的重要性。

那些能够引起音乐家注意和思考的有关音乐的评论，并非仅仅来自评论家。外行人的某些相当天真而简单的说法可能足以冲击甚至改变一个音乐家的思维。通过这种方式，此类评论很可能无意中增加了公众对音乐的某种重视。但是评论家不应该这么天真，他们与音乐的关系，以及他们对音乐的重要性，并不与造成音乐家偶尔受到评论的影响或帮助的事实有关。大多数评论家都是专业音乐家（大多数是教师），因此，他们以最合理的方式与音乐产生关联。但是，在有众多的音乐会需要乐评的大都市里，通常会禁止评论家直接参与专业音乐家的活动。他们几乎没有像业余选手有那么多的时间，大概也没有那么多热忱。评论家可能会对音乐感到厌烦，但业余爱好者对此却如饥似渴。他们的共同点是都有很高的起点及进取的方向。

按照规定，只有可以归类为艺术的音乐才能在音乐会上演出（尽管这类规定变得危险地宽松），但只有充斥着我们毫无防备的耳朵的音乐活动中的一小部分音乐会和歌剧才能得到评论。（近来还有不管水平如何的唱片。）必须在一年的几个月中日复一日地听公开演奏，并负责任地评论每一次演奏，这并不令人羡慕。相同的作品和演奏者将出现在许多不同的场合。如果以最高标准来衡量，至少有三分之二对乐曲的诠释都是平淡无味的。至于音乐本身，过去的常规作品（经过伟大评论家的筛选，以及时间的考验）不再受到争论。有很大一部分的当代作品并没有经过时间的考验，经常不可避免地暴露出它们相对薄弱的地方。但是，毕竟，没有人有义务成为天才。

评论家永远是一个理想主义者，对于一个追求音乐艺术理想的人来说，被置于新闻业会在一定程度上使他感到不安，并经常会引起内心的冲突，因为报纸的特点是不注重质量。好的、中庸的、坏的，在每一个版面中都被机械地放在一起。热爱和事业是两码事。然而，考虑到对艺术感兴趣的读者为数不多，能给予这样的篇幅已经是相当不错了。在我看来，许多主流报纸基本上每天都会发生这种情况。在任何情况下充实这部分篇幅都会是很困难的。在公众眼中音乐究竟发生了什么，范围从卓越到荒谬，从重中之重到微不足道。在经历了一场难得且触动心弦的艺术体验之后，没有人愿意冲到打字机前把他兴奋的心情压缩到言语上，也没有人愿意在被迫这样做以后的第二天早上，看到他在深深的情感和专注的魔力下所写的文字被毫不相干的闲言碎语专栏环绕着。每一位尽职尽责的评论家都会希望一而再、再而三地回到那些曾经给予他感动与新面貌的演奏中去，然而，篇幅的缺少将使他无法再次回来。另一方面，在一场令人绝望且自欺欺人的演奏之后，没有一个评论家愿意用令人尴尬的问题来攻击那个可怜的演奏者（他已经尽了最大努力），但这次，他可能也需要填补剩余的篇幅。

　　我刚才提到的是一些极端的情况，其实大多数演奏都是处于两者之间的，而且是相当相似的。缺乏生命力、说服力和可塑性往往会趋向接受未赋予灵感的草草了事，无论这些单调乏味来自哪个学派。试想评论家必须评估音乐大军中的每一个战士——新兵和元帅，萤火虫和星星，出类拔萃的、平淡无味的和碌碌无能的人（络绎不绝）总是要占领同一个空间！接受这样的任务，起码在多数情况下，评论家会构成一种自我否定的行为。有时还会在疲劳、抑郁，甚至偶然会在完全可以理解的反感情况下被迫出席演奏会。难怪一些评论家在为报纸写了几十年的评论后，对音乐产生了奇怪的想法。他们的热忱曾经集中在音乐上，在基本原理、思想原则、理念和理想上，在注重持久的基本要旨上，在超脱个人与世俗上。但在现实中，他们却必须与音乐家、偶像和个人打交道；纠结于那些只具有暂时和外表特征的事物；记录琐碎的小事、古怪行为、技术细节、数据、掌声和其他鸡毛蒜皮之事。他们发现，对于那些只是匆匆浏览报纸版面的人来说，自己不得不用一种不太严肃的语言来写。即使是所有的音乐家和他们的作品加在一起，也不能构成音乐的全部，音乐依然取之不尽，用之不绝。但是，如果像大都市的音乐季那样将音乐会过于密集地呈现给大众，其精髓反而会变得模糊不清了。

对于这些训练有素的批评家们来说，除了面临着变得厌倦或愤世嫉俗的危险之外，还存在着失去谦逊的诱惑。让我这样说吧，评论家们已经对《"英雄"交响曲》(Eroica)感到厌倦且丝毫不介意这么说；但是他们忘了，尽管他们有机会（不，也有义务）去听十几次，但其他听众却很少听到；忘了每年听众中还有许多新的人；还忘了音乐家永远不会停止演奏这部作为标准的作品，并会将这部作品的演奏效果表现到超越他们想达到的任何版本。简而言之，评论家可能会忘记，无论是音乐家还是公众，都不可能处在像他一样的立场，评论家是音乐家与公众之间的媒介，一个具有特殊习性的人，无论此种习性是与生俱来还是后天获得的。

我已经提到过这些特有的习性。他们有时会为鲜为人知的和晦涩难懂的作品做宣传，有时又会为平庸和低俗而呐喊。但在达到饱和点后，评论家们便倾向于将这种更高的意向贬低为一种知识分子的装腔作势。如果评论家事先知道，在与当事人饮酒之后，必须遵从他的指导来赞扬或批评，是否还可以毫无保留地享受、无束缚地接纳，向着幸福的入口敞开心扉吗？我希望，为了评论家着想，克服这些困难应该比我想象的要容易。

评论家的职业显然是一个严谨的职业，就像音乐家或者教师一样。在任何需要具有非凡天赋的职业中，只有少数人能成功地满足这一职业的大部分要求。我敢说，在目前的成功人士中，只有少数人今后也会成功。要满足所有的要求显然是不可能的，对此的抱怨必须指向这个职业的本质。少数杰出人士的成就为衡量其他人的努力结果提供了标准，其实平庸（mediocrity）是一种极高的状态，因为上面没有什么，但下面却有很多。大量的宣传和广告歪曲了"平庸"这个词的概念，以至于现在人们普遍认为它是一个近乎侮辱性的贬义词。虽然我已经多次使用，但我从来没有贬低的意思。

伟人在评论家、音乐家或其他任何职业中都是罕见的，但对批评家来说，不成功的后果与在公众场合出现的音乐家却不相同。只有音乐家是被公开批评的。公众对印刷机墨汁的盲目崇拜赋予了几乎每个记者相当的重要性和威望，而此种公信力却恰恰应该只属于最优秀的。因为他们中的每一个人都被自动赋予权力，他们自然受到保护，不受公众反对（因为记者在艺术问题上的争议并不常见），这就产生了双重的不公平。一般来说，报纸的读者们都认为这些批评家是无所不知的人，而那些私下被他批评的人则指责他并不是一个无所不知的人。其实这不是批评家的错。如果一个人接受了评论家这一职业，他就有责任，而且必须做好准备，去批评每件事和每个人。如果你我相信评论家的无所不知是因为他在批评每一件事和每一个人——换句话说，仅仅是在完成他分内的工作，那我们就想得太简单了。当然，没有人能够成为音乐百科全书；每个人都是有限的，除了对单纯事实的报道以外，所有的描述都不可避免地是主观的。这些虽然都是老生常谈，但却被人们一次又一次地遗忘，或者回避，或者误解。当然，不完美是人类不可避免的命运，但这并不意味着所有人的不完美都会存在于同一程度或同一种类之上。

正如我所说的，艺术新闻的存在是为了那些对艺术感兴趣的外行人。毫无疑问，信息是提供了，但这些信息却往往与相关的同一主题和场合之下的其他信息形成了尖锐的对立。一个只通过看晨报和晚报上音乐会评论而获取信息的外行人会明白，哪怕在一个什么都标准化的时代里，鉴赏力也并不可能统一的事实。但一个只读一份相同报纸的外行人很容易会倒霉地从一个在专业中并不在行的人那里获得信息。那么，新闻工作对艺术的重要性和影响又是什么呢？二十年来所有关于音乐的评论，都会很好地反映那个时期的音乐状况。评论家有时会是对的，有时又会是错的；同一个人有时会是对的，有时又会是错的。音乐史上有大量令人着迷的范例，有受到评论家的敌意和轻视但还是功成名就的，相反，也有在他们的热烈吹捧中而一败涂地的。

新闻业对音乐的暂时影响往往是显而易见的。被多数的报纸捧上天，可以将一个初次登台的演奏者捧为英雄。经常发生的是，评论家们起初惊叹于一个新的音乐人物的一些令人印象深刻的优点，之后逐渐地冷静下来（他们不能太快地否认自己），最终对他们第一次歌颂欢呼的音乐家感到永久的失望。强烈的光环最能够吸引追随者。但是，至少在一段时间里，过早成名的音乐家仍然有名气，而名人自然只会宣传对自己有利的评论，从不散布负面的批评。没有一位音乐家会在他的宣传材料中加入那些不受欢迎的、持怀疑态度的声音！也可能，世界上所有的赞美都不足以使得一位音乐家成名，如果他所呈现和代表的是比大量观众更独特的审美，但是成名不能没有大量的观众。偶尔会有比媒体更强大的力量，比如传统、习惯、女士委员会、经纪人，会成功地保护并不被媒体看好的顶级音乐家。

许多我说的有关评论家成就了英雄或者其他方面的许多观点

并不适合小城镇的评论家，特别是牵涉到来访的音乐家方面；他们的声誉主要还是取决于大都市的报刊。这特别解释了为什么所有梦想有公开演奏生涯的音乐家都认为必须要在大都市得到考验和认可。有些悲剧的是，哪怕是被广泛接受的大师巨作、成熟的作品以及公认的大师，公开演奏时仍然要加以学校的考试气氛。计算一下全人类为达到贝多芬的《庄严弥撒》(*Missa Solemnis*) 的顶峰所付出的努力，需要几代人的努力才造就出了一场好的演奏，然后再以此来比较一些刚出道年轻人所写的二十几行或更多支离破碎的有关两者的文章——这可能真的会导致心理上的失衡。然而贝多芬的地位不会被撼动，评论他的人也不会被解雇。达摩克利斯之剑 (The sword of Damocles)①以新闻公告的形式悬挂在每次公开表演之上，并成为演奏者尽力而为的动力。为了避免可能的误解，让我这样说，作曲家和演奏家的努力并不是为了取悦听众或者得到好评，而是因为音乐本身的要求和价值在主宰他们！

现在来总结一下：有关公开演出的音乐评论是为了告知听众，但并不是所有的报纸订阅者都会阅读它们。评论不是为了教育音乐家们。有些读者可能并不喜欢被强烈推荐的消息，感到优于或劣于它。那我再问一次，音乐评论对于音乐的影响是什么？它有用吗？它有害吗？什么也不是？哪怕仅仅只有极少的用处，这种机制还是应该存在的。由于公共生活的管理，音乐会的组织，以及音乐活动的正规化，评论在任何情况下显然是必要的。评论家是音乐家，也是理想主义者。他从来不刻意中伤他人。他有义务

---

① 达摩克利斯之剑（The sword of Damocles）：也可译为悬顶之剑，这是一个古希腊传说，比喻时刻存在的危险。

调整他的工作来适应并不舒适的环境。最好的评论家常常会陷入一种令人伤脑筋的矛盾心理：虽然他意识到对他来说什么是令人反感的，谁是天才和博学的，谁符合他的理想以及他对任务的理解，谁能够尽善尽美并有能力向有鉴赏能力的听众揭示音乐艺术中的美，都是很明显的。但他如何写呢？他不能说对大众来说这已经够好了，但对他来说还不够。因为音乐的关系，这种矛盾心理最终必将导致妥协，把好的称为最好的。这是令人惊讶的让步："大众"必须始终得到最好的。值得怀疑的是，除了少数人，最好的是否真的能够被"大众"感知。

艺术成就的程度因人而异。没有任何权威可以改变这种自然的分配，即便是独裁者也不行！尽管目前在知识分子中存在强烈的虚无主义倾向，但这些对艺术价值观的各种反应，以及随之而来的对这些价值观的不同看法，并未导致对艺术价值观（之间区别）的否认。我认为，这是因为一个正常人的思考倾向于自身的喜恶。我们可以假设每个人——我重复一遍，每个正常人都有自己的偏好。除非加以控制，否则这样的歧视必然会造成无政府状态。公平地说，很多人如果不满意某首音乐作品，他们就会说，并且相信，他们的不喜欢仅仅是因为不"理解"。这种坦白的真正含义是什么，对音乐家们来说从来都不明确。不管怎样，他对此有他的顾虑。

为了减少这种混乱，自古以来，人们为建立衡量艺术价值绝对有效的标准而付出了巨大的努力。音乐作为一门艺术，最年轻的艺术，这种尝试是在不久以前才开始的，但是它们变得如此有吸引力，以至于越来越多的有识之士开始思考这个问题。但这些人是通过文字来为音乐做出贡献的。他们工作的重要性在于逐步完善对音乐的准确判断和学术诠释，将其发展为一个独立、丰富的整体，一个我们文明世界中最崇高和最真实资源中无价和不可分割的部分。

纯粹的音乐家很少参与到这类活动中去。这类活动要求具有科学性并思维严谨的才能，以及在任何情况下都能投入大量的时间。我曾经说过，集美学、分析学和社会学于一身并具有历史学家、哲学家特性的音乐学家，之所以选择音乐为领域来做研究，是因为他热爱音乐。他说不定一直在积极地参与，当然可能从小就开始练习了。对音乐所有组成部分的系统学习是研究的准备阶段，不断使音乐家感到惊讶的是音乐学家对极其大量的音乐作品和数据资料的通识，使音乐家几乎为自己有限的知识感到羞愧。但是，要同时成为既有音乐的原始素材创造者以及它的解析者，需要太大的雄心壮志了。

音乐学家所有的调研和推测都没有能够成功地建立消除学说分歧的绝对标准。他们可能反而增加了由于音乐为不同听众带来的不同影响而形成的困惑；这些听众现在可能可以阅读关于音乐的书，对这些无法解决的问题提出不同的建议，比如如何将那些靠个人印象来接受和欣赏的东西进行量化。我将要回到这个令人恼火的观点。这些最睿智、最具有说服力和最原创的书，在思维上是缜密的，但没有得到广泛的传播。而另一方面，那些流行的、短小的、多愁善感的、富有戏剧性的音乐家或流行音乐人的传记，以及类似于观光游客指南中的音乐类信息文字，需求量却很大。除此之外，还有一种对于故事及资料统计或多或少地刻意迎合鉴赏力较差的读者需求。这些常常被粉饰为对理想的宣传。

但是所有这些文献，都转移了人们真正的焦点。节目单上的注释也非常可疑。音乐期刊或杂志，除了那些被赋予了思想和特定主题的讨论，大部分只是夹杂着文章和流言蜚语的广告栏。里面也有回顾与评论，可那些仅仅是填充物，都不能与音乐艺术的新闻写作相提并论。其中完全不同的是意图。诚然，他们想要的只是广告，十分明显的是，他们得到了，尽管这些没有任何意义——起码对音乐来说没有任何意义——大概对于音乐家的发展也很少有意义。

有关探索和开发音乐的各种讲座，实际上也和音乐文献一样存在分歧。十八世纪开始，音乐百科全书出现了，并且进行了有阶段性的补遗和必要的扩充。作为综合参考书，有些是由严肃认真的学者精心编排的，是文化人不可缺少的综合参考书；有些则是对典范粗心的模仿，所以只会令人厌恶。

什么是真正的焦点问题呢？只是音乐？还是促使音乐产生的精神，一种传输给人类心灵的现象，一种声音的想象，并驱使他将这一切释放到无穷无尽的多样体中，一种被称为"作曲"的无形结构中，这种结构最后需要转化为物质的声音 ——演奏，来达到它们的最终目的和现实？或者，是否只有通过物质的声音来倾听心中的感觉，回到它不得而知的起源——神圣的现实时，才能达到最终的目的地？好吧，无论我们是通过自己来表达，还是聆听别人的演奏来唤起我们的情感，我们人类已经获得了一份感受幸福主要来源的奇妙礼物。

五

　　音乐不可能造成伤害。强烈的阳光可以灼伤你，食物可以毒害你，文字可以谴责你，图画可以侮辱你；但音乐不会惩罚，只能是祝福。现在，我们又用它做了些什么？自从我们认识到它是区别于文字声音特定的音乐语言之后，我们做了什么？粗略地概括一下，我们知道音乐应用的三种模式，这三种至今还都在使用：第一种属于原始人群，第二种属于具有优秀文化历史的族群，以及第三种，就是还在发展中的我们自己，这似乎与另两种模式没什么共同之处。我们欧洲的基督教文明来自于具有个性化音乐的灵感，并以多种形式来传播，把它提升到一个完全独立的最高地位。无论是第一种还是第二种，人们似乎都没有预见到音乐的潜力，也没有在开始几步后仍继续保持向前的冲动。我从未听说过任何健全的人可以在生活中有意识地安排并实现完全脱离音乐，脱离音调的生活。从生理上来说，人可以在没有音乐的情况下生存，因此音乐的存在是为了满足某种精神上的需要，而不是身体上的。

　　鉴于我们有机会观察他们，这些原始群体，也就是所谓的野蛮人，他们的社会制度发展到了一个相对平稳的程度，至此之后，他们既没有进步也没有倒退。他们没有我们意义上的阶级之分，没有贵族，没有资产阶级，也没有无产阶级。毫无疑问，他们通过一定的劳动分配，把不同的职能分配给了男人、女人和老人。他们生活在相对平等的条件下 —— 酋长们仅仅住在了大一点的棚屋里。他们的娱乐就像仪式一样是一成不变的。我认为在这种情况下，把所有恐惧、希望、喜悦和悲伤的象征性表达视为艺术是有道理的。因为在这个群体中，没人知道除了这些一劳永逸地确立了的公认符号之外的任何表达方式，也不希望有其他任何表达方式。在没有任何辨别力的情况下，也无法区分价值观的不同。

这些原始人发展到了符合他们所期望的创作力的极限。他们所达到的高度是易于达到的，一些为宗教和其他表演而发明的一些形式对每一个人来说都是浅显易懂的和有效的。他们的音乐是附属的，没有复调，是通过歌唱来表达的，唯一使用的其他乐器则是最简单的鼓。音调排列（顺便说一句，这是对音乐的一种方便的技术定义）的变化，主要是根据音乐所伴随的不同情形而做出节奏上的变化，调式的使用亦是如此。这种无与伦比的纯洁性满足了艺术的第一需求，这里使用的"艺术"显然不是选择性用词，而是象征式的符号表达。

据我所知，在这个文化最低的群体中最简单的音乐模式只有三个音，这对我来说似乎有些不可理解，因为我想当然地认为，每个人都有能力发出三个以上的音。（也许这种对喉咙的局限是自发的？）最丰富的已知模式是六个音，大多数只有五个。这些音调的排列表现出一定的多样性；在某些情况下，它们被巧妙地精炼成对我们的耳朵来说并不那么具有异国情调的乐句，甚至缺乏新奇感，然而却引起了对我们自己音乐所特有的旋律进行的联想。很显然，这些原始音乐活动的狭隘框架并未留给专业音乐家和业余音乐爱好者任何的发展空间。我很想知道，是否有人会关注甚至资助拥有不凡天分的部落成员。我所提到的更复杂的形式以及简单的人造乐器的加入，大概是由于邻近地区较发达群体的影响。

你们都知道古代人类创造性天才的光辉历程。古代东方社会的成就在后世从未被超越，我甚至可以说从未被匹敌。我们一定不能忘记，他们是我们现在所说的文明社会的奠基人。这并不是要贬低那些经由最初的穴居人进化到了我们所知道的明显稳定的原住民阶段的伟大成就。人类发展中的哪一阶段走得最漫长？是人类从原始状态到山顶洞人组织的进步？还是从穴居人到今天的原住民？是从原住民艺术到东方的创造？还是从东方艺术到今天事物的状态？我无法想象进入第一阶段必须经历什么，但我知道，现在很难向前发展，多如牛毛的想法和材料，其中很多似乎是不必要的，但却被强加在我们身上，而且速度快得几乎无法阻挡。

在古典时期，东方和地中海地区的创造性时代为人类的灵魂、感官以及智慧提供了充足的工作、丰富的满足感甚至冲突。其结果在理性和非理性，物质和精神方面，都是同样出色的。我不需要详细叙述人类在那个伟大的时代里所散发出的无数天才以及无与伦比的综合能力。但是为什么音乐在埃及、波斯、中国，在犹太人和摩尔人中间，在希腊和罗马，以及在其他拥有这些文化的国家中几乎是停滞的呢？为什么没有将它作为注定要进行重大变革和发展的对象呢？在这些没有任何限制，也没有任何衰弱迹象的繁荣昌盛的时代，显示了宗教、诗歌、戏剧、哲学、科学、建筑以及其他被其启发的表现形式和其附属品的崇高地位，娱乐业也是同样。但与其他艺术创作的应用媒介相比，音乐并没有进化到比原始人所知道的模式有更大程度上的区别。它仍然只是非音乐行为和事件以外的辅助或伴奏，用于活跃或缓和气氛。在东方文化中（我冒昧地加上了希腊和罗马文化），音乐似乎只是在被选择服务于某些场合的那部分得到了发展。一些改进肯定是由于服务种类的增加，更多的手工制造乐器开始使用。将音乐调整使之适应特定的氛围与环境意愿逐渐萌生，这种氛围精巧而隐密，庄严而具有节日气氛，或者强烈而喧闹。由于新的组合在群体中出现，当每个人都可以平等地完成或享受一切的时期过去后，区别对待必然随之而来。

我认为，虽然音乐并没有发展得很远，但也开始分门别类了。我还假设，每个社区的不同阶层至少都有不同种类的娱乐。虽然没有明确的要求，但这些条件为专业和业余音乐家都创造了可能性。

当我们注意到，并不是所有的人都能理解和欣赏其中一些人的创作时；当我们观察到不同的人和不同的阶级，以及同一阶级中的不同个人对更高需求所作出的不同反应时；当我们体会到，特别是从自己的经历中体会到，即使是极其睿智和敏感的人，受教于完全相同的环境也不可能在价值观上一致时；区别便开始了。满足人类需求手段的选择越多，就越有机会、有欲望和有必要去选择。人对个人和社会需求的认知释放了他的能力，并给了他去冒险和追求未知东西的勇气，同时也在一定程度上点燃了他的激情。这种激情变得越来越强烈，并挑战其克服由于行动和再创作而增加的更多选择的复杂性。就其本身而言，这种选择的结果是不断地提高个人需求的意识，使其达到专门化的程度——这不是我们现在所理解的那种劳动分配，而是一种由个人的自然归属感迫使他走向预定的具体方向，不是其他方向。这种有着十分明显才能的人，是因为这种天才才享有特权，可以这么说，并不是一般意义上的选择。他必须遵循这种召唤，他和他的工作必定是区别于其他那些并未被明确地召唤，或者是被召唤到其他领域及从事其他工作的人。

评估的基础是建立在接受不公平的存在上。大自然赋予人们的天赋，是以生产能力和接受能力来区别的。有些共同的天赋是赋予所有人的，有些是赋予一部分人的，而有些却只赋予了少数几个人。很明显，即使是最伟大的发明家，如果身体正常，也可以很好地完成一些非常重要的工作，比如拾荒者。但是，只让少数人承担能够代表所有其他人的天才职责，无疑是上天的明智之举。否则，我们复杂的人类组织可能无法提供最高统治之下所必需的许多基础服务。机器使其中许多人暂时变得多余，但我们不能指望将来上天会转向培养更多的天才。如果真可以这样的话，将会是一种安慰，由于天才是由自然界所赋予的，在任何情况下都会被赋予非常奇妙的任务，所以至少不会有失业的危险。如果每个人（或者没有人）会成为天才，那么不公平就会消失。我不认为任何一种极端的机会会对我们构成严重的威胁，我们应该在一段时间内仍然保持不公平。

综上所述，我希望能够为你们引用三段格言，我认为这三段格言都可以阐明不公平这个议题。第一个是歌德（Goethe）^①的：“什么是普遍的？就是唯一的现象！什么是具体的？就是每天所发生的！”（"What is the universal! The unique phenomenon! What

---

① 约翰·沃尔夫冈·冯·歌德（Johann Wolfgang von Goethe，1749—1832），德国著名思想家、作家、科学家，魏玛古典主义最著名的代表。

is the particular? An everyday occurrence!"）这是比较自由的原文翻译，原文是："Was its das Allgemeine? Der einzelne Fall? Was its das Besondere? MillionenFalle!"

第二个是利希滕贝格（Lichtenberg）[①]，一位十八世纪德国数学家、哲学家。他曾经被指责为过于挑剔，以致到了恃才傲物的地步。他抗议说，他注意到天才这个字是一个人给予另一个人的，就像毛虫得名为"蜈蚣"，仅仅是因为人们懒得数到十四。他说，自从他发现这一点之后，他不能在通过自身考察之前接受任何头衔。最后，是莫里（Maury）[②]非常感人的一段："自比时，我骄傲；自认时，我谦卑。"（Proud if I compare myself; humble if I consider myself.）原文是："fier quant je me compare; humble quad je me considere."

---

① 格奥尔格·克里斯托夫·利希滕贝格（Georg Christoph Lichtenberg，1742—1799），德国十八世纪下半叶的启蒙学者，杰出的思想家、讽刺作家、政论家、格言家。
② 让·西佛兰·莫里（Jean-Sifrein Maury，1746—1817），法国巴黎红衣主教，作家。

六

正如我曾经指出的那样，在基督教崛起与欧洲占据主导地位之前，音乐并没有在太大的程度上受益于文化价值观的创造和扩展。在原始民族的制度范围内，音乐被认为是一门艺术。虽然只存在几个略有不同的模式，但并不亚于其他任何被高度认可的象征性表达形式，它具有艺术的基本要求。在古代东方和地中海的伟大文明中，除音乐之外的艺术萌芽成长为具有持久重要性和影响力的有机体。但是仍然处于弱势的音乐，并没有属于这些文明的艺术财富，只是有时在适当的时机或特殊情况时作为背景的一种增加色彩或风味的便利手段。

艺术不是便捷之物，也不仅仅是某种结构的单一特征，它是一个独立的有机体，它的每一个表现形式也都是独立存在的。它内在的本质被人类最崇高的志向及自身最深切的要求所释放，并最终寄托于此，通过与无形现实和明确真理的接触，有意识地期望在一个超越自我、超越功利和超越机械的区域内得到释放。并没有任何证据能够证明人类经历过与艺术本质的接触，除非他的经历开始于人类最崇高的欲望和最丰富的意识并终结于此；除非相同的经历能够决定他对其他或不那么理想化愿望与需要的态度；除非这个经历可以赐予他不可动摇的安宁感，使他心甘情愿地接受斗争、冲突、悲伤和不完美，以此作为享有与之不可分割的特权所要付出的代价。艺术不是一时的避难所或者一个假日，而是我们灵魂永恒且坚定不移的使命。完成这一使命所付出的努力是最为激动人心且最具有满足感的，因此也是人类最至高无上的职责。

我非常清楚这种对艺术的解释是多么僵化，并离那些公认的宽容并过于宽泛的观念有多远，这种观念认为对艺术的热爱并不包含任何义务。艺术属于爱的世界，当然，同时也引领着其他的力量，不折不扣地去实现对尽善尽美的渴望，而非表面的一知半解。不用说，艺术既不是人类创造天才的唯一实验室，也不是激发意识与想象力或者快乐与兴奋的唯一源泉。但是在其所有的创造中，爱仍然是人类生命中最鼓舞人心的力量，它总是把人与超脱和永恒的问题联系在一起。我们称所有能触及和感动我们内心的珍爱一面为美丽，但只有能够感动他人的人才能被感动。

在所有艺术中，音乐有它特殊并不可替代的位置。它是动态的，因此，始终是一种永远都不能被抓住的"未来"。它无法描述也没有实际用途，一个人可以不需要与音乐有任何过多的连结就可以很好地体验它。人们当然也可以"联想"，许多人把相同的纯音乐与不同的抽象概念联系在一起。因此，标题音乐在本质上成了一种错觉。

音乐艺术作品越伟大，就会越多地包含音乐的整体表现力。这个事实解释了为什么被音乐的魅力所吸引的人们，在一个较为成熟的发展阶段中，仔细思考、演奏并倾听对他们来说很熟悉的作品，会意识到许多地方都好像与他们以前所认知的不同了。我重复一遍，这种情况只适用于那些真正杰出的作品，一般的作品不会变化太大。这就解释了为什么有时我们一下喜欢了一些作品，但在下一发展阶段又不喜欢了。格言说：大中有小。所以，最伟大的音乐作品中也包括了所有种类，甚至是最劣质的。这些劣质货在包罗万象的伟大作品中只是很小的一部分，没有人会注意到它的存在。当我们听到一首灵感较少但高雅而严肃的作品时，我们常常会意识到它与伟大作品精神上的相似（虽然不是实际上的雷同）。这些都归功于作曲家，因为在他的作品中体现了大师的精髓。

实际上，演奏也是一样的。诠释一首最伟大作品的真正方法同样适用于诠释任何一首好的作品，它将包括任何音乐演奏的所有要素。如果音乐家有能力以令人满意的结果来再现一首经典作品，却无法成功地演奏一般作品，这是一个多么轻率的想法啊。他当然可以毫不费力地演奏他能力以下的作品，但是音乐本身偶尔也会阻止音乐家从他自身的水准上下滑。如果他仍然试图离开这个水准，那么他可能会在较低的水平上失败，因为他没有坦诚地对待这个并不需要他具备所有素质才能完成的任务。如果能够由衷地真诚面对，他就会接受这种局限，这种局限使他保持在不断上升的上层领域（upper region）中；而无论达到了何种高度，在他内心深处，都会感到有义务去遵循所有奋斗中最有价值的方向，沿着最大阻力的路线进行最大限度的斗争。

不相信事物本身存在着力量的悲观态度，无论是作为借口、逃避，还是作为一种解脱，都是不正确的。强加的限制可能会将艺术家的作品范围缩小到只有伟大的音乐艺术才能得以蓬勃发展的肥沃土地上。在他达到这一目标之前，他的全部才能，甚至于他的生命，都将用来征服这个特定的领域；在他成功之前即使是最强大的吸引力也不能将他的目标转移到其他或许是同样崇高的艺术领域。然而，艺术家在音乐创作、演奏，或者教学方面的能力，是通向这一切的关键；这使得他在任何情况下（再三强调也不为过）都能在任何较低的类型中脱颖而出。他回避这些只是因为他有更好的事情要做。（顺便说一句，"古典主义"和"浪漫主义"之间充满偏见的划分应该废除。艺术创作的过程总是一样的——从内心的灵感到清晰的作品呈现。）

演奏者——深受内心深处音乐启发的传播者（让我这样来称呼他们），通常被称赞为具有所谓谦虚谨慎的品德，有克制自我个性的能力和低调虚心的个性，其实所有这些从来没有在他们的脑子里出现过。真是个完全由负面影响而导致的错误！缺失的某些元素可能会十分合理地存在于另一个（也许更令人愉悦的）音乐分支中，这并不是无私或从属的迹象，而只是具有正常自知之明的证据。对于一位具有所谓"个性"的人来说，并不是特别愿意听到他或她"出现"在较低的层次上，但却"消失"在较高之处之类的恭维。演奏家应该好比是登山向导。向上爬得越高，向导的性格就越重要；但是从某一个高度再向上，他就必须确保他所带领的登山者更多考虑这座山，而不是向导本人，否则他就不是一个好向导。

莫扎特的音乐是非常全面的，所有的音乐家都能够在其中找到一席之地。但肯定地说，不包括粗俗、浮夸和肤浅，当然，在任何情况下这些都不是一个艺术家应有的品质。可能很多演奏家没有足够的个性和自知之明来感受和认识莫扎特的音乐里面有些什么，因而在演奏他的作品时失败了。但是认为他们的失败是因为他们的性格不适合莫扎特，对他们来说是有些太客气了。从另一方面来说，认为那些将自己全部优点充分投入而成功的人，是因为他们没有将自己的个性带入演奏里，虽说本意是好的，但有些不公平。此外，我很好奇，一般意义的"个性"一词，是否并不仅仅是指明显和反复出现的习惯？最后，一个演奏家如何精确地确认一场公开演奏的成功，哪些是归功于音乐本身，哪些是归功于演奏者？

我认为大家都公认音乐家总是在尽最大的努力。但是无论他的成就如何参差不齐，他总是会在某一个特定的场合努力达到他自己最大的限度。音乐家们告诉我们的所有有关他们必须做出的妥协和让步，关于他们的屈尊，在"画廊"演奏，面对"街头的人（普通人）"和"疲倦的商人"（两个虚构的形象）都是谬论。当今最成功的流行歌曲作者已经爬到了他被赋予的高度，即使他认为自己实际上是一位清唱剧作曲家（不幸的是，这种音乐并不赚钱），他还故意贬低自己，去做"民众所喜欢的"。所有的音乐家都尽了最大的努力；天赋的优良决定了他们对音乐的**选择**；天赋的多少决定了**效果**。无论成为天才还是白痴都不是本人的意愿所能决定的。

七

在大多数情况下，常规音乐会的节目单是不同质量作品的混合目录。这种曲目安排就像外国游客在巴黎的一天——从大教堂到夜总会，换句话来说，由高雅至通俗。理想的趋势一般是从高处开始并继续向上。室内乐及乐队的曲目并不是一成不变和不可调整的。他们平衡得比较好，分配更均匀，因此比那些"大众化"的"教育—娱乐—时尚"的模式更受尊重。但是现在即使是乐队（自从指挥也走上歌手和乐器演奏家的道路，成为音乐厅中的新主角之后），也显现出一种令人怀疑的倾向，即演奏集锦式的曲目。独奏音乐会的英雄们几乎毫无例外地沉溺于这种风格。那些大师、明星（对于那些仅仅热衷于展示技巧、释放烟花的人是一个自相矛盾的头衔），无论在高雅或通俗的领域中都是平等地赋于其全部诚意。但是，虽然真诚和严肃被认为必定会存在于艺术家的品质中，但并不一定存在于他们演奏的质量中。这些并不能与天赋相提并论，必须毫不犹豫地坚信这一点。

"大师"（virtuoso）这个词现在有些使用不当。最初，从词源上来看很明显，并不包含今天所说的意思。它指的是事物本身，而不是处理方式。是"什么"（what），而不是"如何"（how）来确定这个事物。"什么"总是属于上层建筑。当前的概念有些误导，因为它意味着（起码是暗示了）将音乐演练至他最高质量的演奏家与那种只为音乐的需要而服务的演奏者之间的区别。(第一位这种现代意义上的"大师"是普罗克鲁斯忒斯[①]，他扩展了短小的作品，而缩短了篇幅长的作品。)人们普遍认为，在这两种类型中，所谓的"大师"需要更多的技巧。真是一个荒谬的想法！所有的杰作都需要所有可想象的精湛技术，但这只是一个辅助功能。在所谓的炫技型作品中，手段也是目的。大师的作品要求内心的沟通，这是他们的根源所在；而炫技型的作品则相反，多半局限于表面。由于它们包含相对较少的音乐，所以对于一般的演奏，除了技巧，不需要其他更多的手段。如果演奏者除了技巧不会用其他更多的手段来处理音乐，也就不可能体会到那些每个音符都充满音乐的作品。如果是一首主要以技术为主的作品，在这种情况下，所有人都会有一种缺少某种基本的东西而难以听懂的感觉。因为在这里，技巧本身失去了在以技术为主的作品中一贯能引起的效果。

必须澄清的是，不论是对演奏者还是听众，技术型的作品都是最不能令人兴奋的作品。对听众来说不够打动人心是因为演奏者的成功是可衡量的，所谓的风险是看得见的，以及所感受到的兴奋是身体上的。花腔女高音、秋千和杂技都能产生同样的感觉，爵士乐队有令人眩晕的精湛技艺。李斯特的狂想曲大多数都能被演奏得很好，但莫扎特的交响曲却几乎没有什么好的演奏。

伟大的作品经常会被批评为没有很好地为此件乐器而创作。但是，如果一首乐曲可以在这件乐器上充分地表达，或者至少是尽力地表达，那么这首乐曲就很好地为这件乐器而作了。众所周

---

① 普罗克鲁斯忒斯（Procrustes）：希腊神话中的人物。

知，相对弱一些的音乐作品也可以有效地呈现在其他乐器上，有些甚至可以在原作不受严重损害的情况下被改编为手摇风琴曲。反之，贝多芬的大部分钢琴作品，只能用钢琴来与听众沟通，这就证明了贝多芬是知道如何为钢琴创作的。不喜欢他和其他大师对钢琴、小提琴、声乐、管弦乐队等的处理方法，其实是针对音乐的批评。一般人认为的，只有能够使用华丽的经过句和其他手段来展示技巧上的诀窍才能证明作曲家对乐器的理解，这是非常错误的。如果真是这样，那就意味着在为人声的写作上，舒伯特不如阿迪蒂[①]。

进一步来说，我不认为伟大的作曲家是因为受到了某件乐器特定性质的启发而为这件乐器写作的。他们在作品中经常在同一个句子中使用不同的乐器：时而独奏，时而合奏，时而齐奏。我相信，在作曲家脑子里有了音乐构思之后，他的内心会逐渐判断出哪些现有的乐器最适合传递这些构思。

作曲家选择这些乐器，一定是他认定的理想选择，是在同类乐器中是最理想的。一位拥有一架破旧残缺钢琴的作曲家，不会只为他这架糟糕的钢琴而写。如果他写一首歌，他也一定希望是一副优秀的嗓音来演唱。

巴赫、莫扎特、贝多芬、舒伯特以及其他伟大的音乐创造者的作品中，通常包含一些异常大胆、深刻和永恒独立的部分。这些部分既不与规则相关，也不能用来建立规则。这些部分超出了惯例和传统，对演奏者和乐器提出了新的、更高的要求。无论是现在还是过去的许多音乐家，都对这些明显与通俗化背道而驰的

---

① 路易吉·阿迪蒂（Luigi Arditi，1822—1903），意大利小提琴家、作曲家。

音乐成分感到不安。要享受、热爱以及消化这些"疯狂"的成分，就必须具备特殊的素质。没有这些素质的音乐家，不了解，或者拒绝承认他们自身的局限性。他们趋向于认为这些部分是"有缺陷的"，是由于书写错误、记谱不完整、理论知识不完整、身体失常（比如耳聋）而造成的，诸如此类。这类的判断太天真，不值得讨论；基于这样的判断而作出的改变是不可原谅的。

"技术展现者"只有相对少的曲目量，因为适合他们的部分作品"过时了"，而另外一部分则不可登大雅之堂。所以他们在一种与音乐格格不入，但适合技术的竞争倾向中，演奏几乎全部相同的作品。另一类的演奏者，"音乐的传播者"，他们的曲目量就大大不同了，他们的优势来自于从大量持久的价值中汲取养分。他们的倾向不是竞争，而是合作。

我必须再次强调，纠正这些牵涉到"精湛技巧"（virtuosity）的错误概念，尽管它通常与外在的音乐（对其他种类来说就是全部）有关，但是也必须完全掌握源于内心的演奏。沃尔特·J.特纳（Walter J. Turner），英国的诗人，曾经建议赋予这些所谓"大师"一个新名词。这个名字是"垃圾大师"（trashoso），这非常准确地表述了当前人们对这些"大师"的期望。

两种类型音乐都演奏的"大师"虽然可以将两者都演奏得不错，但却很少能同样精彩。只要他们投入于他们职业中最动人心弦的部分，就不会被听众视为炫技演奏者。对于许多"大师"来说，他们的批判性意识与遗传的良知也许并不完全赞同他们的本能和天赋促使他们所产出的作品。简单说来，他们并不愿意喜欢他们自己所喜欢的东西，而让公众（最受欢迎的沉默的替罪羊）承担起这种冲突的责任，以及为他们自己偏离公认的理念而承担责任。一位真正伟大的艺术家曾经跟我抱怨说，想要把贝多芬偷偷带入到群众中去，就得把他的音乐用莱哈尔①的音乐包装起来。但是不管他信不信，从客观上来说这并不是事实，而且也不会奏效。拿出珍宝和垃圾的人不能自称是珍宝的拥护者，因为他总是侥幸地假设人们会更喜欢垃圾。"为达目的不择手段。"这句名言分明是指很卑劣的手段，否则这个目的绝对是多余的。它类似于"保持微笑"的口号。它分明是要一个人在正常情况下应该发牢骚的地方微笑。

对于一个艺术家来说，无所不能确实不是什么丢脸的事，从精湛的技巧中能找到真正的乐趣是最巧妙和至关重要的。然而，一个品格高尚的人不应该为可以在不损失自己声望和利益的情况下而忽略了的行为去辩解。没有人相信一个艺术上达到顶峰并被大众欣赏的艺术家，必须牺牲自己的人格来成就自己的事业。如果他希望演奏不同的音乐，就应该公开宣布他是按照自己的意愿行事的。也许说当他演奏好的音乐是因为他在往高处走比说他在演奏糟糕的音乐时是在"堕落"，这样说更有品位并且更加正确些，其实一开始就没有人要求他这样做。他不必牺牲自己，也不必恨自己以及自己所做的事，没有任何理由他要这样。他只不过是多才多艺，虽然偶尔也渴望能够专注在一件事上的。

对于那些年轻的，在公开场合还没有完全成功的艺术家来说，就不同了。迫于老师、朋友和家人的压力，被艺术环境所迷惑，被俗套水平所引诱，被经济困难所驱使，等等，他们很可能被扯向两个方向。长期以来，他们真的不知道走向何处。毫无阻

---

① 弗朗兹·莱哈尔（Franz Lehar，1870—1948），匈牙利血统的奥地利作曲家，以创作轻歌剧而闻名。

力一帆风顺是那么诱人。

这又把我带回到混乱的演奏曲目这个话题上。对于仅仅包括那些被公认为最有艺术价值作品的音乐会曲目，一个共同的反对意见就是它们的组合不像好的菜单那样编排。我听到过无数次这种说法，但在我看来，这个比喻无论是第一次还是最后一次听到，都是同样错误和愚蠢的。为什么指望音乐会的演奏曲目像好的菜单一样呢？再说，我猜并不是太多的音乐会听众会经常享用优质的菜单。但是让我们来看看这个比较，就当是开玩笑。一个好的菜单是从开胃菜开始的，也叫头台，我却认为它像音乐会中的加演。非常奇怪的是，加演是在音乐会的最后。（顺便说一句，加演是起源于以掌声回报的传统习惯。）

在一个好的菜单里，应该会包括汤、鱼、家禽以及精心烹调过的蔬菜，都是些非常清淡好消化的食物。但是音乐会上半场的"严肃"音乐却通常被称为"硬菜"，显然是中世纪农民的盛宴！一个好菜单里的甜品 —— 布丁、大量奶油、可丽饼（通常加上些酒）—— 却并不清淡也不好消化。然而，"轻"音乐（下班后的娱乐）却被认为代表了菜单上的甜品。当然，在法国，伴随一顿美餐而来的酒类往往会随着每道菜变得越来越浓烈，因为在法国，他们对此十分在行。

在任何情况下，组成一份好菜单的首要条件就是所有的菜都应该由同一位厨师或者几位水平相当的厨师准备，都必须用上等的原材料，美食家们应该把同样认真的注意力倾注到所有的菜上。这恰好与一般的音乐会曲目相反。这就像从一个昂贵的餐厅漫步到越来越简陋的地方，以为顾客未能在更好的地方满足他苛刻味觉的要求后，会在次等的地方要求更舒适的服务作为补偿。实际上这个不幸的比喻所提倡的完美音乐会是可以通过仅仅包含一种高品质的音乐曲目，即最好的音乐来实现。

一部交响曲，一首奏鸣曲，或者一首弦乐四重奏，在不同乐章之间呈现了所预期的对比。只演奏高质量音乐的艺术家会非常仔细地选择他曲目中的每一首作品，并特别注重尽可能的多样化，这在任何情况下都是艺术上的需要。在这上面，他不会感到困难，因为在他面前的那些大师的杰作为他提供了无穷无尽的选择，从严谨精确的到活泼灵巧的，在曲目中允许演奏家展现所有可想象的优势，但所选曲目必须保持同样的质量。我希望在这里再一次强调"严肃"（serious）的反面并不是"清淡"（light），而是"草率"（unserious）！所以节目单并不是通常低俗的曲目杂烩，但表明了听众较好的选择。

需要多次重复的是，音乐爱好者们必须先接受教育后才能期望他们只欣赏高质量的音乐。这个情况一直在持续，即使音乐会一代代都是由最著名的音乐家举办的。然而我们仍然在期待。事实上，曲目的选择总体来说越来越糟糕。那些被广大听众高度认可的十九世纪伟大创作大师们的作品在逐渐消失。这个结果就形成了一个缺口，在市场上，大师的地位被越来越多的舞者所取代。他们侵入并占领了音乐会的平台，仅仅是因为舞者可以随着任何音乐跳舞或移动，而将高尚且朴素的音乐作为辅助。演艺圈的其他艺人以前从未奢望过这样的荣誉，现在也出现在所谓的音乐会上。

剧院是另一种情况，很少允许上演混杂的节目。在剧院演出的作品通常时间太长，不能在一场中连续演出两部或更多作品。（音乐中的清唱剧也是如此。）但是歌剧作品中包括许多较短的作品以及歌剧唱段，所以偶尔会出现奇怪的并置。其他表演和马戏团提供了各种各样的娱乐，但仅仅是娱乐。到目前为止，剧院一直还保持着本色。谁知道我们多久之后便会受到诺埃尔·考沃德[①]《莎士比亚之夜》的青睐，当然，两样东西都要被删减才行。

音乐厅的一个特点是自年轻时曾在这里享有盛誉的老一辈演奏家，现在依旧老当益壮。当然，这不包括声乐家，因为生理设下限制。老演员扮演老角色，运动员到了一定年龄就停止他们对破纪录的尝试。音乐既不是描述性的也不是竞争性的。尽管如此，人们还是很容易确定什么样的音乐在一定年龄后不太适合演奏（例如，仅仅炫技性的作品）。

然而，音乐演奏还是有一些东西能够永久地使演奏家展现技艺。用速度（speed）或噪音（noise），或者速度加噪音就可能轻易地达到辉煌的效果。因为这种效果相当肯定会产生。而那些努力通过塑造诠释高尚艺术作品所产生的效果却不一定可以预料。（除非困难的地方被很好解决了）愿意走安全一些的路是非常可以理解的。这就再次引出那个很奇怪的困扰，有关处理手法难度的不同程度。只有这个是真正的困难，因为这是不可能学到的，或者起码不能靠无休止的练习来解决。这是毅力（坐功，如果是指钢琴的话）与天才（存在于其他地方）之间所存在的竞争。一个天才几乎不可能为了训练他的手指和肌肉而花上几个小时甚至一整天的时间。而且，这除了能满足运动员竞技似的野心之外，都是相当徒劳和多余的。顺便说一句，没有一个运动员能以训练音乐技巧的方式来训练。马拉松运动员不会先慢走一个小时来开始他一天的训练，也没有网球冠军先以高而柔软的击球来开始。音乐演奏者们从十九世纪开始，直到现在仍然被错误的训练方式所威胁。将技巧的获取从要表达的主题中孤立出来是毫无意义的。

---

① 诺埃尔·考沃德（Noel Coward, 1899—1973），英国剧作家、作曲家、演员。

八

　　现在我要回过头来再一次对古代世界作些简短的解读。在前基督教文明的时代，音乐相对贫乏的原因可能是什么？在我看来，最合理的解释是，当时满足精神和情感要求的可用手段一定是足够了。东方世界创造力的逐渐衰落，帮助了也或许可以说是唤起了基督教的逐渐崛起，从而改变了人们内在及外在的存在感。世俗势力的败坏以及不受神的约束，使得人们成熟地接受一种通过内心和谦逊来获得救赎的教义。音乐则刚好是表达对精神奉献的适当媒介。音乐完整地存在于每个个体之中。也可能，音乐在当时是第一次从任何目的性的宗旨中分离出来，第一次被意识到是对孤独的一种慰藉，并且作为行为的本身，被一种渴望与无声的宇宙交流情感、想象以及最纯粹的期望所激励。在传统的瓦解和音乐的更高目标和使命被发现之后，即兴创作的乐趣可能会被唤起。

　　从那以后，这种新的个人与音乐之间的关系就没有中断过。当它向西漂流时，一个没有记录下来的文化历史并可与东方相媲美的群体开始在东方文化的基础上建立起来了，罗马帝国的殖民统治与北欧移民成就了之间的联结。有计划地推动音乐走向它辉煌的未来，仍然是从东方开始的；东方罗马帝国基督教教会在很长一段时间里成为东西方之间的中心，很久之后才遭受到破坏。当然，被提炼和组织起来的音乐元素是取自于依然存在的模式。

这些并没有改信基督教的群体，有些在中世纪仍然极其有成果，但据我所知，并未对音乐的传统作用进行太大的变革。再说一次，也许是因为没有感觉到与音乐建立个人联系或获得独立的内心需要。不同类型的宗教信仰也可以解释不同态度。古代犹太人，一神论的创造者，也许从来没有享受到足够稳定的条件来推动艺术。他们是教育领域的先驱者，与上帝有着牢固的个人联系，可能并不需要太多的符号。

东罗马的最终衰落，导致了对于包括音乐在内的文化活动的忽略。音乐还是控制在基督教会的一小部分人手中。俄罗斯和巴尔干的东正教在音乐上衰落了。爱尔兰的修道士为音乐的进一步发展和传播做出了很大贡献。很快，社会在处于升级换代状态的情况下，由于世俗文化的回归以及社会生产的繁荣，音乐又恢复了它的辅助地位。但是，宗教和世俗文化的类型有了明显的不同，肯定地说，两者的表现都比以往任何时候更自由、更有个性。率先提炼和丰富音乐主要发生在修道院里，我想，作曲家是在那里被孕育并慢慢成长起来的。合理的推测是，专业人士，或至少是半专业人士，存在于修道院、教堂中和在乡村集市中的吟游诗人、民谣歌手中，以及在宫廷中具有骑士精神的业余人士。

音乐记谱法也是在那个阶段第一次出现。对音乐最具有决定性的进步是声部合唱的开始，这意味着和声及"纵向"音乐的开始。所有这一切听起来很平常，但因其在音乐完全独立和作为一门艺术的成熟过程中发挥了作用，所以我必须提到。作为一门艺术，音乐成为各种艺术形式的带头者，虽然所有的形式都同称为艺术，但在质量上和意向上却是形形色色的。音乐已经成为一种象征性的、先验性的、精炼的表达方式，成为起伏风景的顶峰，是取之不尽的快乐之泉，以及个人永恒的活动空间。一方面，它为充满创造性和理想主义的个人创作提供源源不断的动力，其能量大到足以容纳所有创造和诠释音乐的庞大个人与群体；另一方面，它向无数其他接纳音乐的人提供源源不断的经验和乐趣，这一切都意味着音乐的作用从此具有绝对全新的特征。

基督教教义认为，人类良心的分量造成了迄今为止从未被人类自身感知到的个人责任感，而这种新的精神要求必须通过向上帝——良心的制造者——提供严格的个人服务来满足。个人对道德伦理及情感干扰的控制，二元性（或多元性）的意识，个人意识与社会的需要与责任，都同时存在于一人身上，因此创造了前所未有的要求。这一切都建立并深化了我们的个人关系，特别是我们二元性的个性部分所需要的价值观。

在我看来，音乐提升为完全自主独立的艺术领域，是欧洲最伟大的文化成就，是欧洲对于人类文化的一个完全源于本土的贡献。人类越来越有能力去体验我们大自然环境富有灵感的美丽，是另一个真正的成就。这两种总是与新的宗教联系在一起的隐藏的快乐之源渐渐被打开了。但是直到宗教由于政府滥用职权而经历一场危机以后，音乐才变得纯粹。当教会卷入到物质主义时，个人的信仰就被动摇了，但恰恰正是因为人的失望，使得他对纯粹精神力量的渴望倍增。他决定将音乐这一不可腐蚀的现象与所有音乐以外的联系分开，使音乐家成为自己唯一的主人。这就是我所设想的发展过程。

我现在将越过宗教改革之后的几个世纪，来讨论我们自己这一代，只要我们的文明还没有卷入物质主义，也就是说，直到另一场价值观的危机来临时，音乐家充分地完成了所赋予他的大部分使命。我认为，我们生活在一个贵族无产阶级时代，也就是说一个反对个人主义的时代。双方都有兴趣宣传这样一种观念，即所有的东西都是为所有人的，没有任何东西是不能买到的，也没有任何东西是学不到的。显然，如果我们还没有达到这种几乎天堂般的统一，那么教育、机械化和商业，会很快促使我们到达那里。准确地说，目前我们正处于危机及一些混乱之中。许多人谈到我们辉煌的过去，许多人谈到我们光荣的未来。有人认为音乐当前是兴盛时期，有人认为音乐枯竭了。音乐成了一家大型百货公司（我们时代的象征），以及在谈到音乐时，人们应该说出他所设想的部门（如果有的话），否则这个词就像"金钱"这个词一样模糊，因为它可以同等地用于一分钱和十亿元。

我们这个时代，无论是右派还是左派的物质主义城堡，都自然倾向于数量。大自然并没有停止赐予人类以理想主义的饥饿感，但在物质主义的围墙内来满足这些并不是那么容易。如果他能像命运所期望的那样生活，处于理想主义和物质主义的两极之间并能倾向于最吸引他的一端，那就容易一些。我们的文明蹒跚地行走到了两极中的一端（物质主义），显然很难保持平衡。我们必须要把自己调整到适应片面的立场。市场上大量的音乐无疑是商品和消费品的重要组成部分。如果我们想到，没有任何一个电影院、舞厅或餐厅没有用由机器制作的音乐；几乎没有一个家庭、一个商店没有收音机，以及我们已经可以租到随时可播放音乐的公寓，这就到了灾难的边缘。除了那些可以引起我们兴趣的其他消遣外，我们还可以对泛滥成灾的娱乐形式自吹自擂。

有多少其他的音乐类型能够分享艺术的本质？所有在场听音乐的人（我指的不是属于艺术的音乐）有一天会对艺术提出要求吗？所有听艺术音乐的人都知道这是艺术吗？这些问题的答案，

如果是音乐方面的人士来回答，也不会是一致的。其实答案是无关紧要的。无论人们喜欢这种或那种或某几种不同类型的音乐，他们知道自己喜欢什么。但是，这样的说法究竟揭示了什么呢？音乐数量和质量的传播已经使其成为一种先于需求的供给，就像各种女性时装一样领先于需求。在这种商品中有什么可公认的计划、路线、趋势吗？我想知道，这是否并不是一个由一种心态所左右的产业，这个产业被批量生产所影响而变得瘫痪。

以前，艺术曾经掌握在少数人手里，这些少数人被置于很高的中心地位。现在这个中心被转移到了一切都会被曝光的主流社会。那能和以前一样吗？在大多数的国家里，音乐文化对于一群有强烈内心需要的个人是非常重要的，男性曾经主导现在仍然在主导艺术活动；但在一些国家里，是女性。那能是一样吗？

我是二十世纪九十年代在维也纳长大的，作为一个男孩子，我非常幸运地生活在两个音乐世界的中心，一个是以永恒著称，另一个是更为潮流一些；一个是以勃拉姆斯为中心，另一个是以安东·鲁宾斯坦①为焦点。那个时候，在维也纳的音乐家有勃拉姆斯、布鲁克纳②、雨果·沃尔夫③、约翰·施特劳斯④和年轻的古斯塔夫·马勒⑤，勋伯格⑥则是后起之秀。我每天都能从朋友那里听到关于他们的故事。他们都生活在非常朴素的环境中，

---

① 安东·鲁宾斯坦（Anton Rubinstein, 1829—1894），俄罗斯钢琴家、作曲家、指挥家。

② 安东·布鲁克纳（Anton Bruckner, 1824—1896），奥地利作曲家。

③ 雨果·沃尔夫（Hugo Wolf, 1860—1903），奥地利作曲家。

④ 约翰·施特劳斯（Johann Strauss, 1825—1899），奥地利作曲家。

⑤ 古斯塔夫·马勒（Gustav Mahler, 1860—1911），奥地利作曲家、指挥家。

⑥ 阿诺尔德·勋伯格（Arnold Schoenberg, 1874—1951），美籍奥地利裔犹太作曲家。

例如勃拉姆斯，尽管他已经享有世界盛名。我记得很清楚，我听到的第一位讨论与商业有关的艺术家是理查·施特劳斯①。甚至当人们谈论到小提琴演奏家萨拉萨蒂②或女高音歌唱家阿黛丽娜·帕蒂③时，也都与他们的收入和声望无关。理查·施特劳斯也只是被指控向出版商收取高额费用，但他也从来没有在街上收集过关于一般老百姓喜好的信息，从而设法取悦以及扩大他的听众范围。

然后，就像现在，有四种音乐形式：流行音乐、沙龙音乐、炫技音乐以及永不过时的音乐——根据这些不同本质的倾向，只有最后一种是纯粹的艺术。在第四种类型中所产出的作品往往表现出才能、活力、魅力和热情；但在其他三种类型中，特别是"流行"一类，许多东西是枯燥和庸俗的，所以很快就消失了。虽然约翰·施特劳斯是为他那个时代而创作，但我们今天仍然为他永远鲜活的创作而感到高兴。永远流传的作品证明了它不寻常的价值，但并不一定会使它成为艺术。（顺便说一句，约翰·施特劳斯肯定会抗议把他的作品与贝多芬交响曲放在同一场音乐会中演奏。）

是什么来决定音乐的类别？不可能是成功或失败，也不可能是个人品位。两个不同的事物因为受到不同的人或同一个人的欣赏与认同，所以是平等的，这完全是荒谬的想法。喜欢音乐的人似乎不太可能向对方确切地描述他们各自对音乐的心得。没有两个人能得到完全相同的体会。喜欢某些音乐或演奏这些音乐并不

---

① 理查·施特劳斯（Richard Strauss，1864—1949），德国作曲家。

② 帕布罗·德·萨拉萨蒂（Pablo de Sarasate，1844—1908），西班牙小提琴家、作曲家、指挥家。

③ 阿黛丽娜·帕蒂（Adelina Patti，1843—1919），意大利女歌唱家。

意味着这些音乐是无与伦比的。广告，超越了单纯的公告，显然既不谦虚也不真实，而这两种品质却是艺术的基本准则。当然，艺术本身不能做广告，也不能是艺术家为自己做广告，但广告总是标榜为"杰出的"。这必然使大家感到困惑并被误导，最终疏远了那些既缺乏足够的自信来回绝宣传，也没有从更可靠的消息来源收集可靠人脉资源的人。

现在，简短地谈几个重要的音乐上的问题：为保护音乐作品不受盗版的侵害，在十九世纪诞生了版权法，作品在一段固定的时间后到期，在美国必须进行有限期的续约。除此之外，新的版权将不会授予一项得到过保护的作品，而只授予新作品。一部过了版权期的作品，如果它的外观发生变化——哪怕只是增加了几个指法，也会被认为是新作品。在版权适用期间，每个演奏者和教师都认为作者所给出的文本足以指导他。版权也是出版商的垄断，版权终止了，垄断也终止了。版权终止之后仍然受欢迎的作品可以被任何人印刷。为了防止或规避这一程序，音乐出版业将版权过期的作品由某些编辑者或审校者或多或少地做一些改变后，推出新版本。法律的精神就会因为出版商的利益而改变，而音乐本身就会暴露在各种各样的伤害中。

不同的注释和"修订"版本的相同作品，比有印刷音乐贸易的国家还要多得多。在德国，每一个中等以上的城市都会有自己的版本。这些版本的范围从有趣的、振奋的、有教育意义的、明智的，到最粗劣的劣质品。只有很少人是使用不同的印刷版来区别作曲家的作品与所谓"编辑者"的制作。

在十九世纪，由一些音乐家和音乐赞助者共同承办印刷了那些伟大大师留下的完整和评论版本（critical edition）。这些"纯净"的版本，是通过订阅和捐赠获得的资金得以出版，现在几乎无迹可寻，如果有人幸运地找到了一本，那么它的价格要比为盈利而出版的注释版高出许多倍。结果是，大多数流通中的出版的大师作品看上去并不像大师们所期望的那样。似乎许多音乐家和音乐人从来没有考虑过，如果注释版本比比皆是的话，那原始版本一定是存在的。他们甚至没有注意到他们使用的版本是注释过或劣质的。他们只是简单地接受了交给他们手上的乐谱，如索菲亚出版的保加利亚版、里约热内卢出版的巴西版等。这简直是一种令人难堪的情况。这不是崇拜文字的问题，而是一种基本的礼貌问题，即每位音乐家都应该坚持看到音乐作品像它的作曲者所希望他们看到那样的机会。所有当代的作曲家，甚至那些写垃圾音乐的人，都能得到这种满足；但是贝多芬却被拒绝了！

为了了解当代作曲家所存在的问题，我推荐恩斯特·克热内克（Ernst Krenek）①最近出版的《音乐此时此刻》（*Music here and now*）一书。请允许我抗议当代作曲家（他们可能很崇拜莫扎特）要求围绕莫扎特风格来写作的愚蠢要求。作曲家之间的区别取决于他们的肯定和否定的魄力，而不是他们所肯定或否定的主题，更不是区别于他们的装束。这让我想到了关于时期、风格、民歌、民族氛围、旧乐器等的困惑而又激烈的探讨。这些都是物质主义的典型，它是从本质向外表的转化，是对判断的简单化，是安全阀。

不论时间和地点，我们文明社会的音乐作品无论是沿着新闻业还是永恒主义的路线，都具有更多的共同之处而不是对比之处。区分它们的是毫不相关的特性、扭曲或篡改的模式。四三拍的

---

① 恩斯特·克热内克（Ernst Krenek, 1900—1991），出生于奥地利的作曲家。

滥用并不代表奥地利，用西班牙方式演奏小组装饰音（gruppetto）也不代表西班牙的灵魂。如果当我们听到莫扎特的音乐时，是特殊的时间和空间(或琐碎小事)打动了我们，那么那些不那么重要的同时代作曲家也同样打动我们。艺术不能像家具展览、化装舞会或政治地图那样来对待。十八世纪的服饰比十九世纪的服饰更小巧，但并不逊色。

许多欧洲的民歌是由个人创作的，其中大多数是由专业音乐家创作的。在俄罗斯，有些民歌是外来作品。对大小调的偏爱，绝不能使我们相信在性格或生活态度上有什么根本差别。种族的艺术观是没有意义的。如果（再加上曲名或作曲家的出生地），我们在聆听的同时，被告知要从书籍或明信片中想象和了解那些地方和情况，那我们可能忽略音乐的真正特性。如果是这样，我们还不如去港口，盯着外国国旗和水手们。

对旧乐器的喜爱，特别是对键盘类乐器的喜爱，是非常时髦的。烛光点亮了，但是莫扎特还是与太阳联系起来更好。现代乐器几乎可以比旧乐器所能做的多得多，并避免了旧乐器的缺陷。除此之外，这跟不要求演奏者使用1840年的钢琴来演奏肖邦是多么的不一致，然而抛弃了对那个时期音乐痴迷般的"忠诚"，而对改编曲的狂热吹捧(比如将巴赫的"夏空"小提琴独奏由一百人来演奏)又是多么的自相矛盾。（我最近看到一个在古钢琴上演奏摇滚乐的预告，把两个时期结合起来，恰如其分地证明了艺术的永恒本质。）所有的这些都是物质主义，以及悲观主义。

音乐的效果（这里理解为旋律、节奏、和声）不是通过它的材料，而是通过对这些材料的不同处理而产生的。从第一小节到第五小节，作品的实质并没有太大的不同，特别是曲调在很多时候是相似的——至少在"无调性"到来之前是如此的。将伟大作品的第一小节植入自己的两个、四个或者更多小节中，然后继续根据制造出来的模式装配小曲的做法，现在正如火如荼地进行着。这并不意味着贫乏，而是懒惰，因为盗贼在没有帮助的情况下也可以有类似的开端，只是多做一点工作而已。这样"合作"的结果受到数百万人的喜爱，他们不知道莫扎特才是光荣的受害者，即使被告知这是莫扎特的作品，这些听众也不知道他是何许人也。但是如果作品就像莫扎特写的那样继续演奏，不是制造出来的工厂模式，而是随着灵感的增加而继续下去，数百万人可能很快就不继续听了，换句话说，他们发现自己被排除在外了，而作品本身并没有要排除他们的意思。

素材的平庸并不存在。它一定是心灵上的。如果有正确的灵魂来保佑改革者的手，那么一块木头、金属或石头就可以转化为来自上天的神圣信息。但这并不意味着这样可以激发灵魂来进行大规模的生产。过去只有可塑之才才有享受教育的机会，在一定程度上是密集而全面的。学习贯穿了人的一生，但是出现了多少部圣经和多少位莎士比亚呢？在我们贫富共存的时代，许多人接受了广泛的通识教育，其中一个障碍似乎是无法克服的，我们需要数以百万计的教师。理想情况下，每一位教师都应该成为榜样。但是大自然并没有给予我们足够的教师，这也许是在警告我们要接受一些局限。

事实上，我担心我们过于庞大的制度可能会产生极其平庸的"聪明人"，但好像同时又是多方面的无知，致使我们任由庸医、毒品、替代品和人为的反常行为来摆布。而对于那些有幸受到问题诱惑和考验，并不得不作为既不属于群居也不属于贪婪动物的个人来说，幸福并不是真正的幸福。因此，我认为，对于那些对越来越无信仰和无情的人类社会深感震惊的人来说，最紧迫和重要的任务是捍卫和行使人的最佳权利，以坚定不移的信念，决不能丧失精神或使之受到压迫。那些被遗忘的少数人，从前的长者和统治者，绝不能也不会屈服。他们应该迎接这样的与世隔绝，在孤独中追求简单、真实和高贵的理想；对于再多的奢华也无法弥补的损失，他们应该充满热情地承担这些优越之处所含的责任。最后，他们应该充满信心地保持这种源于对神秘现实的尊重而产生的怀疑，这些怀疑赋予他们力量、纪律、自尊、开阔的视野以及应得的美妙音乐。

我希望你们时常会回忆起一位音乐家的这些想法，他永远感激自己能够成为一位音乐家。

演讲介绍

1940 年，施纳贝尔在芝加哥大学做了三次题为《音乐的某些方面》（*Some Aspects of Music*）的讲座，两年后以名为《音乐诠释的困境》（*Music and the Line of Most Resistance*）的书出版。虽然施纳贝尔语言风格的一些要素为了出版经过了一些编辑，但内容却没有被改动。尽管这本书缺乏形式上的严格性，却为广大读者提供了对施纳贝尔思想和观点类似"直播"的接触。书中经常远离主题，以自由联想为主要原则，一开始可能会使读者感到困惑和疲倦，但是坚持读下去，回报则是会获得他的一系列令人着迷的想法。这体现出施纳贝尔是一位睿智的思想家，也是那个时代知识分子所讨论的核心问题的敏锐参与者。

在讲座的自我介绍中，他一再声称自己是一个业余的演说家，并不能真正地胜任这个角色。这既不归因于他的风趣，因为这本身就意味着施纳贝尔对专业精神的高度尊重，但也并不准确，因为施纳贝尔显然有话要说，尤其是关于音乐。那些私下了解他的人都认为他是个很健谈的人。他不得不将他无尽丰富的思想用语言表达出来，因为只有通过具体的语言表述，才能对思想的有效性进行检验，并权衡它们相对的优势和弱点，其方式类似于海因里希·冯·克莱斯特①的论文《关于讲话时思维的逐步形成》(*On the Gradual Formulation of Thoughts While Speaking*)中所阐述的：施纳贝尔并没有冒昧地教导别人说话，而是相当合理地教导他自己。

滔滔不绝的话语肯定会激怒他同时期的某些人，因为他的话往往会给人一种自相矛盾的印象，比如他会在某一天争辩赞成一件事，然后在第二天又激烈地反对它。在激烈的辩论中，他非常享受其中的乐趣，毫无疑问，他的大多数对手都逊色于他。小提琴家卡尔·弗莱什自演奏施纳贝尔的《小提琴奏鸣曲》(*Sonata for Solo Violin*)以后，一直无法接受施纳贝尔过激的音乐本性，也批评他所谓的"少根弦"似的心不在焉。其实，这只是两位大师之间过多的智慧交锋所擦出的火花，别无其他。在1931年的一篇日记中，弗莱什这样描述他长期合作的室内乐伙伴："一个定会对他又爱又恨的人，充满了令人极其无法容忍的矛盾。一个理想主义者和唯物主义者，天真而敏锐，冲动而细致。但最重要的，他首先是一个狂热的辩证论者。他最伟大的激情是说话，跟自己说话，听自己说话。要知道，出于习惯和兴趣，他会攻击别人表达的任何意见，即使（或者说特别是）与他自己意见相同的时候……"②

施纳贝尔的陈述总是暗示着对语言本身的反思，而他传奇的诙谐只是对人类主要交流方式进行批判式审视时特别明显而有趣的表现。这些语言上的考虑确实充满在他周围的空间，随处可见，

---

① 海因里希·冯·克莱斯特（Heinrich von Kleist，1777—1811），全名为贝恩德·海因里希·威廉·冯·克莱斯特（Bernd Heinrich Wilhelm von Kleist），德国诗人、剧作家、小说家、评论家。

② 卡尔·F.弗莱什（Carl F. Flesh）:《"你也拉小提琴吗？"》——一位著名音乐家儿子的叙述及幕后一瞥》，苏黎世：亚特兰蒂斯，1990，第231页。

无论是在他成长的维也纳，还是在他居住了三十五年的柏林。社会和文学评论家卡尔·克劳斯[①]当然是他所熟知的，即使我们不能精确地再现施纳贝尔对他文章的解读（然而我们知道施纳贝尔是二十世纪二十年代维也纳文献学会的成员）[②]。从他与维也纳和柏林的邦迪以及卡西尔家族的来往中可以明显看出他与当时知识分子圈的密切关系。他们曾经支持过他，并在他十六岁时为他在柏林钢琴生涯的起步铺平了道路。"作为属于维也纳上层社会的一名艺术家和知识分子，培养了他对奥地利知识界及社会紧张局势的自然意识。"阿兰·雅尼克（Allan Janik）和斯蒂芬·图尔明（Stephen Toulmin）在 1973 年的研究报告《维特根施泰因的维也纳》（*Wittgenstein's Vienna*）中写道："只能导致对语言、表达和交流的本质与局限问题的智慧联结。"[③]

　　然而，除了对语言的考虑之外，他之所以不得不以怀疑的态度看待自己所不习惯的演讲者的角色，是因为他演讲的主题恰恰是音乐——一门顽固地挑战用语言来重建的艺术。对施纳贝尔来说，在他几乎强迫性地用语言表达他思想的背景下，音乐，他的根本领域，一定是一个难以解开的谜。正如他学生们一致描述的那样，他在阐明音乐事实时，语言的运用是非常高明的。[④]但是，

---

　　① 卡尔·克劳斯（Karl Kraus, 1878—1936），奥地利讽刺作家、散文家、格言家、剧作家和诗人。

　　② 《德国藏书家和文学之友年鉴14》，1927/1928，汉斯·法伊格尔编辑，维也纳：阿玛西亚出版社，1930，第201页。

　　③ 阿兰·雅尼克和斯蒂芬·图尔明：《维特根施泰因的维也纳》，慕尼黑：汉瑟，1984，第157-158页。

　　④ 参见克劳德·弗兰克《施纳贝尔的阳光的一面》，在阿图尔·施纳贝尔，关于2001年柏林国际研讨会的报告，维尔纳·格林茨魏格编辑，德国霍夫海姆：云出版社，2003，第146-147页（20世纪音乐档案6.1）。

语言在音乐现象中的准确性这一基本问题仍然悬而未决：音乐概念应该如何形成？对于音乐背后类似哲学性的敬畏，如何用语言来捕捉一种并不依赖于知识惯用载体的知识媒介，以及在音乐中思考可能意味着什么，是这几十年里一直占据在他的脑子里的问题。

正因为如此，施纳贝尔含蓄地将《音乐诠释的困境》的前两章都用在了"语言与音乐"这个主题上，这绝非偶然。从比较重奏音乐家、独奏音乐家到乐队指挥，他会考虑在所谓的音乐生活中，谁必须用语言来表达音乐意图。在广泛的调查过程中，他提出了一个有关声乐的新理论，并将其与绝对音乐出现的理论进行了对比。他对音乐和语言的质疑最终引向了他对音乐心理学的思考，在那里他观察到一场艺术上成功的演奏，取决于如何有意识地抑制语言思维，而更多在音乐及声音上进行思考，也取决于事先通过内心听觉到外部的声音。音乐的细节从其句法语境中解放出来的观察结果不再有意义，因为内在音乐经历的流动是绝对的，不可能被打断。这是对音乐本质及其表现形式的基本洞察，很可能起源于他的录音经验。

与他作为外行人来谈论音乐的说法相反，施纳贝尔在讨论主要的历史和文化人类学问题时表现出了自信：他展示了原始民族如何通过差异化并发展出更高的愿望，从而鼓励了那些在特定领域有才华的人，能够进入无可估量的未来。因此，迄今为止，人与人之间的差异并没有受到相应的谴责，而是被视为少数被选中人的先决条件，即以"音乐天才"来提高整个艺术水平。他一次又一次地面对一个问题：为什么古代先进文化中的音乐从未经历过独立的发展，就像在原始种族中的那样仅仅是一个附属品。音乐发展成一种自我满足的自主艺术，是随着记谱法的出现才得以推进的，音乐第一次被严格地组织起来，出现了高度复杂的复调音乐。施纳贝尔把音乐完全自主的发展过程描述为欧洲最伟大的文化成就，这与当今许多史学家的观点相吻合。

这仅仅是他对艺术一般标准定义的一小步，与施纳贝尔自己的艺术信念并没有什么不同。他提到的特征包括艺术有机体的自主性；人与艺术相结合的崇高抱负以及对无形的客观与明确的真理接触的渴望；脱离自身利益、功能性和机械性的思考；为了与艺术保持不可分割关系而必须付出的努力；热爱艺术是人生命中最鼓舞人心的力量，这种力量不断地将艺术家与超越和永恒的神秘融合在一起。这都是些很大但决不空洞的词汇，清楚地提供了超出语言学程式的东西。事实上，音乐永远不可能被捕捉到——无论是口头的、书面的，还是听觉上的——施纳贝尔看到了证明音乐呈现出了一个独特的世界，一个通往人类心灵最深处的秘密之路。

施纳贝尔以相当的论述技巧邀请我们重新思考音乐生活中根深蒂固的刻版印象。他把华丽的炫技形容为一种音乐现象，在这种现象中，"如何做"（how）本身就成了目的，而"做什么"（what）在其中却扮演着从属的角色。事实上，技术上高难度的李斯特作品通常能被演奏得很好，而简单得多的莫扎特的作品却极少能被出色地演奏出来。这说明在所谓的"华丽的炫技作品"中，标榜技术本身成为了一个目的，但这只不过是个假象而已。与此有直接关系的是施纳贝尔的信念，即一首好音乐作品的质量会自我揭示，因为它会随着反复听而不断变化，从而揭示出以前未知的一面。而较弱的作品则保持不变。同样引人注目的是施纳贝尔对"物质"（material）这个概念的使用，与阿多诺[①]不同的是，他没

---

① 西奥多尔·W.阿多诺（Theodor W. Adorno，1903—1969），德国哲学家、社会学家、心理学家、音乐学家。

有为物质设定某种趋势，但还是在历史上确立了它应有的位置：音乐的效果并不是基于材料本身，而是基于对这些材料的处理；基本材料本身并不平庸，而是在音乐作品中的具体实现。

他的文化批判观点仍然具有现实意义，比如对庸俗观念的批判，即所有的艺术都能平等地为所有人开放。施纳贝尔认识到的是这种观念的背面，即文化产业的愿望是世界上所有的东西都可以买到，这最终导致了文化的工业化和商业化。就音乐而言，通过其无孔不入的方式，已经到了一种类似传染病传播的程度。人们应该从这种文化中退出，以强调个人来取而代之，强调一个独立的向着艺术最高境界努力的个人。这并不是简单的精英主义立场，施纳贝尔理解为是一种民主主义的立场，这也可以视为他"读懂"了大众文化中的非民主主义因素。例如，1927 年，在贝多芬诞辰一百周年纪念活动中，他有意识地在柏林的人民剧场，而不是在音乐厅演奏了完整的贝多芬钢琴奏鸣曲音乐会系列的第一场，许多工人参加了那次活动。

在施纳贝尔看来，用"垃圾"来腐蚀无产阶级观众似乎是一种侮辱，他这种情绪让人想起了十五年前，卡尔·克劳斯（Karl Kraus）在《火炬》杂志①上发起了一场反对维也纳社会民主文化政治的斗争，但很快就对工人阶级和真正艺术的兼容失去了信心，反而建议他的读者去听轻歌剧。克劳斯写道："没有什么比为了取悦那些并不了解这种文化的人而简单地给予他们这个水平上的艺术更错误和罪恶的了，将这种文化缺失随便地释放给小资产阶级对娱乐和表演的渴望，对于腐朽社会的堕落者来说，这种冲动太

---

① 《火炬》（*Die Fackel*），卡尔·克劳斯于 1899 年至 1936 年出版的一本讽刺杂志。

容易占据易受影响的灵魂了。责任的真正道德含义是不允许这种冲动出现的，在它们的萌芽状态时抑制它们，把比对酒吧更高涨的兴趣从这种可怜的艺术代替品上转移开。如果不能改善生产力，社会化的艺术教育应该阻止人们去剧院而并非为之提供便利。这一点在争取政治、社会和工会成就的斗争中被自然而然地遗忘了，遗忘它曾经被认为是一种文化对象低劣性的学说……看到那些从贝多芬到卡尔曼[1]，那些从未受过损害的灵魂被撕裂，难道没有使你不寒而栗吗？"[2]

　　非常相似，施纳贝尔解析了被听众所左右且演奏质量不佳的音乐家们的争论：那些自称能够同时提供珍品和垃圾音乐的人，并不能把自己描绘成珍品的拥护者，因为他们必须时刻准备接受垃圾音乐更受欢迎的事实。就像克劳斯认为的那样，在"生活极度贫困"的时候，一开始，一双好的鞋子要比引诱他们去看《吉卜赛公主》[3]更有帮助。施纳贝尔警告说，不要天真地相信当前活跃的文化：曾经，那些只是识字的人就会被认为是受过教育；如今，应该清楚地了解他的阅读内容。施纳贝尔对"媒体批评"的思考，算得上是音乐评论中最贴切的解释，这使得人们可以想象在身临其境地阅读《火炬》杂志，那些与当时新闻界的做法进行斗争是具有传奇性的。当施纳贝尔在芝加哥演讲时，他移民到美国的时间还很短。十多年来，他逐渐地目睹了欧洲日益恶化的政治局势，很有远见地离开了德国，在他搬到意大利几年后也不得

　　① 卡尔曼·埃梅里希（Emmerich Kalman），1882—1953，匈牙利轻歌剧作曲家。
　　② 《火炬》，卡尔·克劳斯编辑，第712—716期，1926年1月，第7—8页。
　　③ 《吉卜赛公主》（Die Csárdásfürstin），匈牙利作曲家卡尔曼的三幕轻歌剧。

不离开这个避难所。但即使是最初给他留下深刻印象的美国，也无法满足他对于新祖国寄予的许多期望，虽然他清楚地知道美国拯救了他和他家人的生命。《音乐诠释的困境》并不是一个移民或流放的文件，当然更不是一份辞呈。施纳贝尔从未忘记他的根：他对德国和欧洲文化的感激，并没有因为旧大陆在践踏其脚下的文化遗产而忽然变得一文不值了。他继续追逐他认为的物质财富不能超越精神财富的欧洲梦，人类的标准仍然是强制性的，社会向前行走的每一步都不应该使任何人成为局外人。施纳贝尔非常坚定地支持进步的政治观点，但他并没有把演讲作为一个政治平台；他的政治信息很简单，在灾难面前，要崇敬艺术，出于对艺术的精心感触和反思的态度，建立一个更加人性化的生活模式。

维尔纳·格林茨魏格（Werner Grünzweig）

音乐——其作用与限度

在哈佛大学的两次演讲

一

女士们，先生们！

被邀请到哈佛来演讲无疑是一种特殊的荣誉，它给了我莫大的成就感。但是，在我满怀感激欣然接受来尝试这一任务的同时，颇多的顾虑也接踵而来。因为我知道我并不具备其中的某些条件，比如必要的基础和准备，因此自然也就没有那种通过演讲来表达看法的意愿。的确，我曾经做过两三次所谓的演讲，但每次我的顾虑都是一样的。也许我对所谓演讲应该包含的内容理解得过于狭隘或过于宽泛。我所听过的有限几个讲座并没有减轻我的不安。这也可能是因为，音乐只能以音乐的方式来认识、接受和呈现，是我不可动摇的信念。这对我来说是一次逃避，并没有真正吸引我要求的尝试……

我从七岁开始就成为了一名职业音乐家，一个以音乐为生的人。我本人"仅仅是一位音乐家"，就像有一次，一位音乐赞助商在我要求稍微改变舞台的摆放位置时所说的那样。那位赞助商想要知道，我只是一位音乐家，有什么权利这么挑剔。对演讲的另一种担心可能是由于我越来越不愿意使用或允许将音乐与许多从文字语言中借鉴来的词句联系起来，而不是使用在音乐教学中真正不可缺少的词汇（顺便说一句，这才是不断学习它的最好方法之一）。为了减少我前面提到过的混乱，我假设有关音乐的常规演讲方式是将音乐的片段及谱例写在黑板上。我认为这样反而会起到相反的作用。尽管有一些系统性的安排，但从文字到音符到数字和符号，向后、向前、向一边，令人作难而混乱的程度反而会增加。

事实上，所有能够使用在音乐上的文字，也同样能使用在其他地方。声音、音调、节奏、声部、音阶、和声、和弦、不协和音、三和弦、终止式等，都可能与音乐以外的情形相关联。在教授或者学习音乐时，这种缺少一个特定音乐术语的困境，只能通过对音乐表演中所出现问题的演示以及对音乐或声音的想象来克服。"音乐"这一术语本身并不是一个终极词汇；人间、地狱及天堂的音乐，鸟类和昆虫所产生的音乐，更不用说我们简单称之为"音乐"现象的无数分支、层次和原因了。

从文字语言中借用许多术语是有必要的，这些术语可以直接和明确地指导教师和学生达到预期的行为，并且仅仅用于此目的。文字语言还必须借鉴给我们音乐家许多与音乐没有直接联系的术语，以便向演奏者表明气氛、特点、情绪或其他任何能让预期的行为带来正确灵感的东西。无论是针对事物还是思想，单个的词被普遍认为是相当不确切的。相比之下，数字被认为是精确的。音乐作为一种沟通的工具，超越了其不确定性及顽固性的问题。它既不牢固，也不模糊。

我承认，这个介绍是有点让人困惑，起码对我自己来说是这样。但在我看来，在讨论艺术价值观时，不确定性似乎是不可避免的。艺术中的价值观总是在变化中，任何法律命令或措施都无法阻止艺术价值观的变化。在我们文明世界的范围内，凡属于我们通用的术语"音乐"所指的附属门类中，只有少数，甚至只有一个门类被赋予提供这种艺术价值的资格。我的意思是说，并不是所有的音乐都属于这种价值观，尽管所有的音乐都使用"音乐"这同一术语。这跟文学、美术或建筑是不同的。小丑的叽里咕噜不能被称作文学；广告牌也不能作为一种静物；一幅肖像或一道风景，以及一座加油站或者热狗摊并不称为建筑。不幸的是，我再重复一遍，我们在音乐方面并没有这样的区分。所有的都被称为"音乐"——从最庸俗的到最崇高的。如果有人告诉你他喜欢音乐，你不知道他指的是那些毫无价值的东西还是珍品。但如果他告诉你他喜欢书或者画，就能相当清楚他说的是某种不同的类别。

正如我所说，音乐包括了许多类别。在音乐的大领域下，许多分支逐渐形成，比如民间音乐、舞蹈音乐、流行音乐、宗教音乐，诸如此类。这个顺序是相当随便的，每个被命名的类别可能比美术更古老，也可能包含与美术相距甚远或与之非常接近的例子。表明音乐作品大小和目的的标题出现了：交响曲、小品、夜曲等。书籍和图片的标题很少有相同的目的。

当然，我可以继续列举长得多的清单，你们中的许多人仍然可以指出我忘记了这个，忘记了那个，并坚持认为这些详细的阐述是站不住脚的。我的目的是要强调在试图通过语言来表达音乐概念，音乐中的构思过程中所涉及的错综复杂、尴尬困窘以及我所指出的不确定性。

我不是不知道，整个图书馆都充满了数以百万计关于音乐的书籍和论文。请相信我，我丝毫没有任何贬低这些图书馆所积累的成就。最早撰写音乐专著的人当然是那些预言"音乐是宇宙的再现"的职业音乐家，就像叔本华说的那样。以我所理解的，他的意思是，必须要有一个特殊的器官才能欣赏音乐，这也许是因为他自己尽管有着非常优越的头脑，但却不具备这个器官。

但是，我在这里并不是要对这些图书馆进行调查，也不是要针对音乐的功能和地位，从已知的最早的先例到现在这样一个庞大行业做一个历史性的报告。我看不出无论私下的或公开发表的那些有关"音乐在创新方面能走多远，并仍然被认为是真正的音乐"的荒谬而狂妄的争论有任何意义。我认为，贝克梅瑟（Beckmesser）①对音乐接触得比较晚，但自此以后他却显得不可一世了。

你们现在知道我是如何看待我自己作为一名音乐演讲者了吧。我从来就没有能力处理历史问题；我不喜欢在不适当的场合谈论有关我的专业，或者用一些学术上的东西占用你们的时间。无论是过去、现在或将来，我都不会遵循任何方法、系统或教义。美学本身并无指向，除了有些神秘，而且神秘也不是我的品位。当然，不用说，我也从来没有对自己有过分的评价。我认为对于历史、学术、体系和美学，你们比我更熟悉。然而，音乐到底是什么，它在人类生活中的地位是什么，可能对我们所有的人来说都不完全清楚。

什么是音乐？在目前状况下，它起了什么作用？在对我们来说相对平等的条件下，它还存在于何处？我如何来解释"作用"一词？作为目的还是结果？如果是后者，我是指对个人影响的结果，还是对社会影响的结果？当然，关于在文字语言的发明创造和发展之前，那些没有固定音高的声音是否已经被用于沟通与交

---

① 贝克梅瑟（Beckmesser）：瓦格纳的歌剧《纽伦堡的名歌手》中的角色。

流的探讨并没有太大的意思。但是，在我看来，逐步进化的说法是最合理的。

在文字语言发明后，最初（用来作为交流）的声音显然变得不需要了。它们即使被保留着，也肯定是出于其他的原因而并非出于需要。无论如何，那些现在不需要但却仍然保留着的声音，连同大多数其他的功能一起，越来越多地在组织形式上进行了大量的改进。最终，它们以音乐的形式丰富了生活，并似乎持久地存在于个人和社会关系中。音乐对人类是不可缺少的吗？即使是在现在？（我现在谈论的并不是我们所说的真正意义上的艺术）。音乐是否属于人类的头等需要？即使是在现在？这些，也还都是毫无意义的问题，因为人类被赋予了创造和接受音乐的天赋。这是一份奇迹般的、不可思议的礼物。

然而，随着这些灵性天赋的到来，人类却没有无条件并身体力行地使这种天赋在自己身上生根发芽，也从来没有因为精神饥饿而受到死亡的威胁。一个人的精神沙漠很可能是另一个人的绿洲。或者是不是我错了，尤其是对于那些有创作天赋的人？他们是否真的选择、使用和发展了他们的天赋，还是忽视了它们？一个没有天赋的人的一生，会不会因为他劳而无功的追求而被毁灭了呢？

当文字语言成为普通的对话工具时，当有组织的对话开始时，关于在文字以前曾使用过的简单声音发生了什么变化的问题，我在前面几句曾经提到过。当然，可以想象，这些声音起码在一段时间里完全消失了。当它们重新出现时是一种全新的创造，这是由于发现了越来越多的差异带来的乐趣。于是，被遗忘的工具成为了一种新的爱好。我们被告知，即使具有预定的音高、一定的节奏，以及和谐的音程、歌曲的确切诞生日和诞生地，就像相应的文字语言的数据一样模糊不清。古代的音乐先例似乎很少为人所知。然而，在同一时期的文学作品及雕塑中，音乐被反复提及，音乐家被描绘塑造为民族文化中最高尚的元素之一。

即使我们事实上并没有关于古代音乐的范例，我们对中世纪的音乐也是相当了解的，对原始社会的音乐也很熟悉。所谓原始状态，我的意思是，正如你们所想的那样，是一种未经过细化的、尚未分化的状态，并不是特指早期历史。根据原始人自己留给我们的信息，他们的仪式和习惯几乎没有任何改变。因此，实际上他们的音乐也可能和以前是一样的。大部分原始音乐都是有记录的。这非常幸运，因为它将迅速地在普遍标准化的过程中发生根本性的变化，这似乎是大工业时代和与之相适应的义务教育的必然结果。

那些虽然历经各种政治动荡，却发展成熟并阶层分明的族群，他们成功地继承了传统并保留了历朝历代文献，而这些不同族群的音乐又如何呢？在中国和印度等地使用和欣赏的本国音乐与两千年前或更早的时期是一样的吗？或者说，对老百姓来说，这种古老的音乐在接触到了外国影响和国内变革后还会是一样的吗？我的印度朋友和中国学生都不能肯定他们知道一个相对准确的答案。

中国学生有时会给我们带来许多惊喜。当他们中的一位对于贝多芬作品表现出比我们许多学生具有更深的并发自内心的热忱时，我感到非常高兴，这证明了人类才能具有普遍性。[1] 我问我的两位印度朋友，他们都是非常有文化的人，对白人圈子里的精神文化成就颇有研究，他们是否认为，纯音乐这种只在欧洲产

---

[1] 这是指施纳贝尔先生唯一的中国学生，中国钢琴家董光光女士。——译者注

生并达到难以想象的顶峰的艺术种类，这种给我们内心带来了快乐的取之不尽的财富的艺术，是否也会成为印度国民生活的一部分？两人几乎异口同声地给出了肯定的回答，但都同意这不会一蹴而就。首先要有机器、机械化、物质条件的进步等。在印度，本土音乐的表演其实并不是印度人民生活中无关紧要的部分。据我所知，这个时期的音乐很难改变。除了使用预定的音高、律动和音程之外，这种音乐与我们的纯音乐几乎没有什么共同之处。尽管我了解到，它的音乐是用来单独演奏的，而不是作为其他仪式活动的附属。如果有些在座的印度人认为我并没有得到他国家目前音乐习惯的正确信息，我想说可能是我误解了我的朋友。

我们能否回答这样的问题：对于那些隶属于孕育了此种音乐的文明社会的族群来说，我们的纯音乐在多大程度上是他们生活中的一个重要组成部分？这个文明社会的每一个成员是否都自然地被音乐的巅峰之作所吸引并与之产生共鸣？如果我们将其归纳为一种心灵及理想主义"触及内心深处"的功能，那么这个"触及"是一种普遍的体验，还仅仅是个人的意愿？我们都知道，到目前为止，答案好像是后者。我们知道那些为之全力以赴的人，那些在内心对于这种最高境界的音乐释放出一种与生俱来、永远敞开心扉和激动人心热忱的人，他们来自四面八方并勇于向前，永远不会缺少音乐这一要素。无论是否意识到这一点，在他们心中音乐总是清晰地存在着。自然，他们的接受能力并不意味所有的音乐媒介都能给予他们相同的感觉和反应。

我重申一遍，我坚信对于艺术作品的高质量或者最高质量是无法证明的。但是，我却拒绝这样一种概念，即具有艺术头脑的人对于相同作品或相同演绎的不一致的反应——通常是截然相反——可能只是出于品位的不同。在逻辑、数量和法律无法进入的地区，任何人都没有错，这样的概念导致了虚无主义、怀疑论和轻易的逃避。现在，如果我们接受这样一条公理，即：如果没有被证明是错的，那就没有错，如此我们就大错特错了。（当然，这也包括我自己。）在较低俗音乐的层面，下到甚至都不假装或刻意标榜为艺术的更加低俗的层面，我们越来越容易知道音乐到底缺少了什么，从而证明崇高品质在低俗作品中的缺失。很显然，对庸俗者的标准比对高尚者的标准要多，因为高尚的人天生从不强求也不宣扬。最醒目的标签最能引起注意，最嘈杂的口号最能灌满全耳，最崇高的境界只祝福那些被召唤的人。

但是，这些被唤起的人对这些层面的不同反应又是什么呢？如果我被仁慈的上帝指派来从事音乐（无论我在音乐方面有什么不足），没有像我的许多同事那样对音乐艺术的某些创作做出反馈，并且一直被排除在他们的热火朝天之外，我必须将这种不统一归因于我们的音乐设备，我们的主要设备。一个才华横溢的音乐家或音乐爱好者在多大程度上受到了这些设备的影响，这是另一个无法回答的问题。随着越来越实用主义的教育，在音乐范畴内的通识教育，偏见和停滞的危险在惊人地增长。

最近，一位女士想知道我是遵循什么学派在进行教学的（指钢琴）。"你是什么意思？"我问，已经被吓到了。"嗯，"她说，"有两种学派，一个是要求你必须按节奏弹，另一个是跟着你的感觉弹。"我镇静下来以后告诉她，跟随感觉也可以按节奏弹。另一位女士想知道我注重创作中的哪个方面："色彩、情感还是氛围感？"进一步的问题："你的老师教你什么，对音乐的诠释还是指法？""几岁的时候才能开始在音乐厅里登台演出？"有人还告诉我，在钢琴上不能弹连奏（legato），因为这是一种打击乐器。一位著名的英国科学家、物理学家和数学家曾说过，钢琴上的键盘无论是用手指来触碰还是用雨伞的尖来触碰，结果都没有什么区别［詹姆斯·金斯爵士（Sir. James Jeans）］。还有人告诉我，当在钢琴上使用踏板时不可能产生断奏音，以及即兴演奏是唯一真正的艺术。我花了很长时间才让那些坚持这种时髦的、胡说八道的学生们明白，有时候，"即兴演奏"可能比一件艺术品更能被人接受，但它永远不可能是一件艺术品。没有思想和选择的配合，艺术是难以想象的。即兴与思考和选择本身就是矛盾的。对理论的崇拜，对科学外衣的崇拜，对秘方的崇拜，对辩证法和语义技巧的崇拜，都是为了逃避与所有创造都密不可分的不确定性。我重复一遍，这对人类自身是一种威胁，也是自欺欺人。如果人的理想主义机会被忽视或官僚化，他就不必要地牺牲了自己最好的品质。假设绝大多数人并没有被赋予对音乐艺术，或者其他任何艺术最优秀的范例作出反应的能力，那这些人是否可以或者应该去尝试在大自然没有给予天赋的情况下培养这种能力？长期以来，我们总是听说因为他们的物质优势，只有上层阶级才拥有打开艺术大门的钥匙。这显然是错误的。任何人都可以看到，有钱人对艺术持漠不关心态度的比例跟其他阶层一样高，特别是在少数几个抚育艺术成长的地方——家庭、教堂、自豪的地方文化，也盲从于物质主义的泛滥，从文化摇篮走向了坟墓。在上这门课之前，社会上的不同群体——农民、工匠、朝臣等——都活跃于艺术的生产中或至少在艺术保护方面。对音乐的热爱以及热爱的程度是看不见的，物质与此无关。

当然，通往艺术的大门并没有关闭，但我并不推荐到此领域中的绝境风光之地进行必须有导游的观光。把艺术带给每个人的尝试也许是善意的（虽然主要是一个商业或宣传性的提议，或者纯粹的天真），但它永远不会成功。日复一日，质量参差不齐的音乐混合并置，已经对音乐造成了相当大的危害。也有大量的统计数据似乎证明了相反的情况，即音乐创作的泛滥增加了这方面的销量，使其达到了前所未有的水平（因此对音乐来说是一种幸事）。但这并没有改变我的看法，当然，也是事实，如今我们可以在浴室里放歌剧，但在我们的城市里却没有歌剧院。

作为一种表达手段，音乐既不是描述性的，也不是目的性的，这是与其他表达方式最大的区别。因为音乐总是以动态的形式存在，所以一个人可以随着任何音乐跳舞，但它从来不是一种固定的实体，也没有形态。特定的音乐模式和组合已经成为人类社会中大量特殊情景下典型的陪伴。当然，这并不意味着这些音乐模式描述了这些情景，或者产生了这些情景。

那么，无论何时何地，音乐的作用是什么呢？它目前在我们的日常生活中起到什么作用？我猜想，音乐在圣经时代、古代、原始社会等社会中的地位始终足以衬托它自然的威严。据我所知，它从来不是一个交易对象、一种商品，因此从来也不是非音乐家应该关心的。我可以想象它的存在总是得到了各自统治者的支持。音乐的地位（我将暂时使用"地位"一词，而不是过于模糊的"功能"一词）已经经历了重要的，也许是决定性的变化，但我希望不是根本性的变化。它已经失去了它最初的适当性、尊严和纯粹，就像许多其他的人际关系和创造一样。在我的有生之年，它经历了一种我们似乎尚未理解的退化。当我还是个孩子的时候，一些音乐艺术的尊严和纯粹，以及一些自发的流行音乐和辅助音乐，仍然是活跃着的传统。随着机器迅猛而不断地渗入，各种传统被自动地移至档案馆或垃圾桶。在我脑子里的所谓以传统的方法来看待艺术，即是尊重传统，以及对尊重这个传统的尊重。我指的不是技巧上的传统，其中一些最不值得称赞的传统仍然流行，而且似乎根深蒂固。

精神生活不适合大规模生产，至少现在还不可能。尽管有许多为少数群体辩护的宣传，但负责精神价值观的少数人还是公开地被忽视甚至被许多人嘲笑。正如我之前说过的，音乐是一个巨大的产业，有着明显的明星制度，有着众所周知的垄断管理，音乐出版界的责任感令人遗憾地在下降，还有一个完全不受控制的教育系统，就像一个杂货市场。

对音乐充满深深迷恋是不被鼓励的。这个产业宣扬的是，深度永远不可能是一条正确的职业道路。这种观念是雪上加霜，并且还传播了一个悲剧性的错误，即随着这个产业对我们公共音乐生活的霸占，职位空缺的数量远远少于值得拥有这个职业并有才华音乐家的数量。这些失业的人才，至少应该为他们的理想而受到赞扬，而不是被警告。但是，现状却是，理想主义者被认为是一种无可救药且误入歧途的傻瓜。物质的完美主义者就是个例子；他是那个知道自己想要什么的人——尽管他在职业领域里也是失败的。

尽管前面提到了如此恶劣的环境以及黑白颠倒的等级价值观，我依然坚信音乐比以往任何时候都更能满足内心的需要，而这些需要在任何其他地方都无法得到满足。音乐的功能分为物质和精神两部分，这是一个可悲的现实。它们可能偶尔会相遇，但更多的是碰撞。

商业往来和精神交流是无法焊接在一起的。

二

我曾提议我的第二次演讲是有关音乐的局限性。这个提议是在没有经过深思熟虑时即兴提出的！我可能想到的只是这样一个事实：音乐从未引发或阻止过战争。（我不知道俄耳甫斯①有没有试过！）当然，单单只提到这一局限性，是不足以做一次演讲的。这是不言而喻的。

我猜想随意修改自己已宣布的，且之前并没有探讨过的主题是否不妥。再者，我想，对其他人来说，这也不是一个孤立的问题。我决定坚持我的主题，它一定是具有某些吸引人的方面，也许囊括点点滴滴的价值，但在任何情况下都一定会遇到困难。现在来讲讲困难吧！

首先，让我们达成共识，这些讲座中所提及的、我们所理解的音乐是一个模糊的、无固定形状的物体，是它的原始状态。也让我们达成共识的是，这个物体是人类想象力的产物，而不是物质需要的结果。如果在它的原始状态下，后来发展成为音乐的素材被用于实际用途，它只能通过一定程度上的分化来完成这个任务。我现在不再谈论音乐萌芽阶段的未知，而把谈话的内容仅仅限制在我们所知道的范围内。这是一个巨大的范围。音乐学家

①　俄耳甫斯（Orpheus），希腊神话中的音乐家、诗人、预言家。

还没有感到对研究材料绝望的危险。在现有的音乐中，只有一小部分可用的音乐是音乐家熟悉的，对于业余音乐家和音乐爱好者来说就少了，而对于广大的群众来说就更少了，他们仅仅接受那些直接送到他们面前并为他们量身定做的音乐。了解所有的音乐不仅在技术上来讲是不可能的，而且也并不值得。想想看，一个人读过所有的书，看过所有的画，欣赏过所有的建筑物等，那他会是一个什么样的怪物！那是两条腿的博物馆、图书馆和百科全书，一个完美的"答题人"！我们必须接受的事实是，音乐艺术领域中的绝大多数作品都是昙花一现的，尽管这个事实可能是痛苦的。或者说永恒是一件艺术品的一种特征？顺便说一句，凡人（mortals）最好避免用"永恒（immortal）"这个词。如果在人的一生中，我们总是以同样积极的方式对一件艺术品作出反应，对我们来说，这就是一件杰出的作品。如果我对一件作品的反应发生了几次变化，从热情到冷漠，然后又反过来，那么它对我的重要性就会出问题。然而，我不会因为一个音乐作品没有吸引我或从未吸引过我而认为它低劣。爱是无法解释的。一位科学家曾告诉我，爱只是对腺体系统产生的一种干扰，但这并没有改变我对爱的一种神秘的狂热。

有一次，一个学生问我，是什么创造了艺术作品中的美。我本能的回答是："你对此的反应。"当然，并没有那么简单。虽然所有这些有疑问的分类都理所当然地具有结构上和生理上的共同特征，是否还应该在"什么是一件艺术作品"和"什么可能从来都不是"之间有一条被普遍教导和接受的分界线？德国有一句谚语，"Kunst kommt von Können"——艺术源于专业能力，来自技巧，也就是我们常常听到的"诀窍"。在德语中，它是一个词源的衍生，当然，也是纯粹的无稽之谈。它模糊了许多人的思想，支持了德国境内最枯燥的教条主义者。然而，这些关于艺术源泉的同样错误想法，目前也在那些无法通过语言的词源推论来检验所谓真理的国家流行。

你们现在可以问我，为什么我认为是艺术的作品有可能对我没有吸引力。我昨天谈到危害性时提到了品位的相对性。现在，我将试图回答这个虚构的问题。没有权威能告诉我们人类的艺术表达是从哪一阶层开始的；无论艺术是只占一阶层，还是几阶层直至未知的顶部。如果是后者，应该怎样得知最高处在何方？会不会是一个我们所不能及的地方？

我们现在已经到了第一个障碍处，即局限的两个方面：一是艺术作品的局限——它没有力量平等地打动每一个人；另一个是个人的局限——他必然会被自己的反应所束缚。艺术是中性的，它不会选择自己爱的人或追崇者。人却不是中性的，他有他的性格，以及他所处的环境指导着他。人的一生，最佳情形是一系列的经历；最糟境况是一连串的习惯。无论如何，你可以说他被套上了枷锁。的确是如此！他可能永远不会注意到这一点；他可能会受苦，可能会接受这一切。有些人则可能会被引入秘密而神圣的精神创造实验室。

在自然界中，人类拥有无与伦比的充满创造力和美的模式，也有毁灭和贫瘠的模式。然而，再强调一下，由于机器的出现，人类与大自然之间的伙伴关系不再像我们祖先不那么繁忙的时代那样了。关于人类精神的产物，艺术诠释的多样化标志着文明社会的存在和平衡。音乐家被同等地赋予了创造的力量以及对音乐艺术做出积极回应的能力，这使他无论在创作之时或创作之后，还是在受到他人的创作启示时，能够体验不同的感知。

伟大的作曲家，当然还有伟大的演奏家，可以出自几乎所有类型的人：圣人、智者、教师、吉卜赛人、愚者、受过教育的和未受过教育的人。可以说，音乐的才能是独立存在于一般智力之外的。那些不切实际的艺术家和心不在焉的教授已经成为过去。但是，由于他们中的大多数人已经成为了汽车司机，这种心不在焉变得很危险，虽然他们正在迅速地消失。我为这类人以及他们走向同化的趋势感到遗憾。

问题是为什么在同一首音乐作品中，一个人看到的是色彩，另一个人看到的是风景，而第三个人看到的是家庭或个人悲剧，还有其他我不知道的反应，只要所有的听众都没有接受过心理分析，这个问题就没有答案。有些听众在听（音乐）时没有联想，也没有诠释。有些人生活在音乐中，忘记了自己和其他人。我并不是说这些不同类型的听众有优劣之分。可能有一些有音乐感的人会在所有感官上都相当敏感，当然这些不会是同时发生的，而是取决于情绪、天气、季节和许多其他不可估量的原因。

我仍然避免讨论什么时候人类表达的媒介可以无可争议地被授予艺术作品的称呼，无论是对授予者或接受者。我们现在可以马上去查阅被大众所喜爱的韦伯斯特词典，或者一本百科全书，以便摆脱负任何责任的包袱。他们是如何定义艺术和音乐的？除了在偶尔情况下，它们的定义是很少有帮助的。他们让你比以前更加深了困惑。我给你举几个例子："音乐——一连串的声音被安排得可以取悦听觉"；或者，"艺术——使用或运用事物来回应某些特殊意图"；或者，更令人恼火的是，"艺术——自然的反面"。我承认，对这些例子的引用是不完整的，我是带着一丝恶意来选择的。

我记得曾经有过这样一种说法，那就是超出事实的都是迷信。我对那句格言的直接反应即迷信就是事实。"如果音乐不算是正当的崇拜对象（这是引用他人的文字），那么对音乐的热爱就一定是迷信。"可怜的人们，他们怎么才能开窍呢？他们是否应该去找那些自然而然只会更多引用而不会独立思考的大多数教师呢？如果他们超越了自身的环境以及老师的视野，将他们自己孤立为文化修养高的人，成为傲慢和有影响的知识分子，或成为浪漫的梦想家，那他们是否应该从自己的经验中吸取教训呢？侮辱和嘲笑以及嫉妒——可能这些是天生就具有精神独立的人的命运。然而，天生的精神独立是人类艺术产生的核心，没有它，艺术则无从谈起。

艺术作品的另一个标准是不存在隐晦不明的动机，在任何与艺术有关的问题上都不能存在。当然，仅仅是不存在隐晦不明的动机并不能保证艺术的诞生，也不能保证与艺术的连结。如果一件艺术品的构思带有取悦消费者的明确想法，或者如果消费者认为艺术存在的唯一理由和目的是为了取悦他们，那么艺术与市场之间下意识的纠缠充其量也只能是虚伪的、外在的、暂时的和缺乏生机的。首先，艺术不是摆设、装饰、陈列、演示或展览。它是人类内心的冲动、人类的需求以及人类意识的一部分，并积累、发展成为永不丢失并且永不可能丢失的欲望——实现对真理、对美以及无私提升的不懈追求。我知道这些都是听起来很高调的词，这些词与技术问题或逻辑的程序毫无关系。关于艺术领域是否因为其相当苛刻的要求以及其相应的义务回报，所以只是人类冒险活动中微小的一部分，或者是否尝试攀登的次数是天意所决，我认为，这些问题即使是在短期内或在可研究的范围内，也是无法回答的。我相信，人作为具有创造力的天才，是上苍旨意的代表，是一个例外；上帝为这些被选中的人提供了几个门徒来传播和宣传他们的信息。有可能一些伟大的人类创造已经消失了。可想而知，在人类的思想和感知领域中并没有什么真正的新事物。但就像有人所说的："那又怎么样呢？"

现在，人们处在一个能够提供无穷无尽记载人类过去和当前所取得成就的环境。老贝德克尔[①]旅游指南过去曾经用三颗星来标记最值得推荐的图片，教堂、建筑物等。三星级在我们的综合目录中是相当罕见的。我们有没有压制天才？我们是否漏掉了一些我们认为是不起眼的景点？或者，在人类创造的每一个领域中，真的只有少数天才吗？我自认为没有人能够与所有这些少数现有的天才建立起亲密关系。他们的作品只托付给了少数人——少数追随者、出自爱的追随者、具有使命感的追随者。

音乐在表现力和吸引力方面的变化比其他任何艺术形式都大得多。但是，它不应该被称为一种语言，正如我前面所强调的那样，它并不是描述性的，也不是目的性的，也不是可翻译的。天气预报和股票交易所的报价可以用所有的语言报导，但却不能用音乐来表达。对排斥在外的听众或读者来说，说自己不参与音乐是因为那是一种"外来语言"。这种说法虽然很普遍但却很荒谬。他可能在他习惯的母语环境中也不太喜欢音乐。在这种情况下，他所不喜欢的一定是质量，因为他对风格了如指掌。如果有一天流传一种理论，认为除了速度和音量之外，所有的音乐都是一样的，我都不会感到惊讶。然而，到目前为止，我们走向了相反的方向。例如，我们被告知，在我看来几乎是难以区分的委内瑞拉、

---

① 贝德克尔（Beadeker），德国的一家出版社，以出版旅行指南闻名。

智利和巴西的音乐作品，它们都明确地表达了各自祖国的灵魂。

随着音乐在奇妙的历史变迁中衍生出越来越多的形式，音乐自身的变化在目前更显得无可比拟。正如我昨天所说的，当音乐不再从事那些我称之为实用或者交通服务时，它要么被保留了，要么被复原了。音乐以其全新的、更精致的状态，成为了人类的伴侣，本身就达到了最终的目的，因此被称为纯音乐。我倾向于认为，在这个新的标签被贴上很久之前，它在很多方面可能已经是纯音乐了。

呈现音乐所用的材料也发生了巨大的变化，从人声、口哨声、拍手和跺脚声到只为演奏音乐而用的巧妙乐器的乐谱，从主调音乐到复调音乐。后者（复调）很可能是由两位歌手开始的。当然，一位歌手是演唱不了复调的。钢琴家、管风琴家，或者任何其他键盘乐器演奏者都可以，弦乐演奏家在小范围内也可以。

那些只满足于同一水平且单一形式的音乐家和音乐爱好者，正在变得非常少见。许多人似乎天生就具有变更多种面孔的能力。最近我在报纸上看到一篇关于一位多才多艺指挥家的报道。除了他在一个领先的管弦乐队中担任"长发"（大师）的指挥工作，他还在 E.&M. 的音乐项目中负责"平头"（大众化）的任务①。除此之外，他还在我们一所顶尖的音乐学校里担任教授一职。对于最后的那个工作，我想他一定是"秃顶"（博学）的。

---

　① 施纳贝尔在这里可能指的是 1943—1956 年洛杉矶爱乐管弦乐团的指挥阿尔弗雷德·沃伦斯坦（Alfred Wallenstein）。1935—1945 年期间，他担任纽约广播电台 WOR 的音乐总监，负责 WOR 的音乐娱乐节目。"E.&M."是指歌手纳尔逊·艾迪和歌手/演员珍妮特·麦克唐纳，他们经常与沃伦斯坦合作。

任何其他艺术都不会像音乐艺术那样被滥用。任何音乐都可以在最乏味的事物中演奏。编舞设计可以适用于大多数音乐，各种各样的音乐可以从点唱机中出来，等等。在同一份报纸上，就是我看了一眼的那份，我读到了一句话并引用在这里："在手风琴音乐的背景下，昨天汉普郡的一间套房里，红色皮革箱里的小型便携式电动缝纫机在欢快地嗡嗡作响。"一位德国学者写了一本关于在奶牛产奶时，音乐对奶牛影响的全面研究结果的大部头书。他的实验研究使用了所有类型的音乐。最近有人声称音乐可能会成为非常重要的药物。

如果所有这些新的音乐应用能稍微改善音乐家悲惨的经济状况，我们也许可以用这种自欺欺人来缓解自己的烦恼。但是大部分音乐都是通过机器传播的。起码，音乐家就不会自觉落魄，留给他唯一的安慰就是，他曾经参与并成就了制造这种机器产品。对于这些被诗意地叫作音乐的"空中播放"演奏，播放时与付费的广告混在一起，而那些演出的音乐家们却从来没有看到过一分钱。

毫无顾忌、不受惩罚，并频繁地掠夺无版权的音乐，将单纯而有价值的音乐转变为廉价的娱乐，只不过是通过市场营销破坏社会诚信的又一症状。尽管如此，歪曲音乐的误传并没有摧毁它高尚的本质。音乐仍然可以保持完美和纯真。敏感的人会因为这些不恰当的处理方法而感到痛苦，并刻意回避那些公开承认这种处理方法为法规的地方。

音乐最严重的局限是它本身完全没有防御能力。诗歌和戏剧是在广播里播放的，但人们不能通过移动、转换和混合字母来改变文本。比如，他们永远不可能把 Poems 拼成 Ploems 以及把 Plays 拼成 Pays。

许多人在音乐中听到了尖锐的不协和音，尤其是如果它们永远不会以常规方式解决时，便笼统地认为传统方式才是唯一正确的音乐程序。其实（这些不协和音）只是对于调性、转调、节奏的传统概念，以及许多其他发明并经过数个世纪发展的规律的偏离。如此武断地将音乐限制在相当少的"建筑材料"范围内，在很大程度上是人类保守主义的过错。最慢和最快可能性的振动对我们的耳朵来说只是噪音，就像风或海浪一样。如果所有的声音同时或很快地出现的话，我们听到的作为单音的振动次数对我们的耳朵来说也可能是杂乱的。否则，没有任何人类所制定的、限制在物理上可识别的持续及混合的声音可以被接受。四分之一音（Quarter-Tone）或类似的创新，到目前为止，没有任何理由被排除在外。如果我需要数年的时间才能享受到四分之一音所表达的音乐，我仍然没有权利简单地说，因为我不喜欢所以它就不是音乐。

人类将音乐带到我们所熟知的目前存在的现状中，单单这一神奇的、充满智慧与美的进程就不允许我们得出"我们到了必须停止的屏障面前"的结论。有一天，看似最明智、最富有想象力和看起来合乎逻辑的理论可能会过时并被取而代之，或者起码会与新理论融合在一起。这种音乐的创作和形态也必须服从自然法则的科学规律的论调，要么是陈词滥调，要么是有名无实。

关于在演奏中风格和速度限制诠释的争论在专业人士和业余爱好者中同样流行。有些学说认为在约翰·塞巴斯蒂安·巴赫的作品中不允许有渐强，学院派为维护这一立场，指出巴赫从来没有标记过渐强。因此，他觉得有权利把某些消极的东西变成积极的东西。作为一名钢琴家，我的职业生涯中有过三个不同的标签：首先是勃拉姆斯，然后是舒伯特，最后是贝多芬的专家。当我有前两个标签时，达尔伯特①和拉蒙德②是享有诠释贝多芬作品重量级声誉的钢琴演奏家。我经常听他们演奏。我相信我们三个人是要多不同就有多不同的。当然，在一定程度上，所有音乐家都有很多共同之处，即使他们大声抗议说他们之间没有任何共同之处。哪怕第一个是从容不迫，第二个是如火如荼，第三个是有张有弛，等等，他们也还是有很多的共同之处。他们都会为自己的演奏申辩。

我再重复一遍，音乐在许多方面是艺术中最易受到攻击的，但在有一方面，它是最受保护的。如果文字被颠倒了，每个正常人都会知道。在非抽象派的绘画中，如果物体的部分被颠倒了，每个人都会注意到它。在音乐中，各种排列、变奏、转换、转位等都是作曲魔术游戏的一部分。在著名的音乐片段中，或者在那些仅仅是模仿不知名的音乐中，音乐家和一些非音乐家都会意识到其中的一些因素。所谓赋格中的定向通常是相对容易的。在音乐的更隐蔽、更独立、更复杂，没有循规蹈矩的计划或没有习惯的指示牌来维护耳朵的模进中，听者，尤其是在第一次听到时，几乎不可避免地会感到被排斥或者困惑。但是我们却不能像评论印刷品、肖像或其他艺术形式那样，说这样的作品是颠倒的，这就是对音乐的一种保护。

极有价值的书只有少数人在读，过去和现在的伟大绘画只有少数人熟悉。每家商店、酒吧和自助餐厅都有动态的幻灯片，挂

---

① 尤金·达尔伯特（Eugen d'Albert，1864—1932），出生于苏格兰的德国钢琴家、作曲家。

② 弗雷德里克·拉蒙德（Frederic Lamond，1868—1948），苏格兰钢琴家、作曲家。

有一组动感的图片，或者到处张贴伦勃朗"解剖学"复制品的发明革新尚未到来。剧院被电影院取代，戏剧现在通过电视征服了千家万户。各种各样的音乐不断地被抛向每个人、少数人、多数人，他们之间的区别消失了。音乐可以与口香糖、流行文化和漫画混在一起。我已经问过数百次，人们如何能够忍受这样持续的喧闹，答案总是一样的，"我们听不见"。

我们的社会在大众传播下是否更容易接受音乐艺术的影响？音乐艺术并没有命令的力量。它的重要性与其他一些崇高的人类价值观和美德是同等的。音乐本身并不能提供亲密感，也不能给予或夺走隐私。这些必须是整个社会精神和文化良知的结果。它们不能用销售量来衡量，而是属于灵魂领域。

针对理想主义和精神价值观念不可否认弱点的一个非常流行的借口是强调缺乏准备或理解。人们经常听到这样的说法，"我们很想听懂音乐——如果各国之间能更好地相互理解——但我们没有准备好"，等等。

现在我们能够迅速地学会和弄懂许多行为和事物。相互了解的人之间也会有许多不一致。说自己理解音乐，主要的意思是针对它的形式和技术方面，还有它外表的一些知识。然而，理解教科书中所说的奏鸣曲式，并不能使所有的奏鸣曲都同样有趣。问题似乎在于无法提供有关艺术内部的任何信息。

我们回到我昨天所说的不确定性。分析式的听音乐，如果真的能做到，无疑会是一个沮丧的经历。人类，或是人们因为严重缺乏理想主义和精神上的好奇心而遭到谴责。我们太频繁地听到有关教育、知识、名著、对艺术欣赏的说教，将标准提高到了现在被低估或者忽略的潜在可能性。当然，人们从来不会放弃通常的消费来刺激商业的乐趣。在我看来，就体力来说，一个人不可能有足够的时间、精力和活力如此频繁地参与那么多相互对立的工作，使他能够置身事外，置身于潮流之中。对于当前学术研究所承诺的产生或改善普遍缺乏的大众文化，无论是否有意，都只是表面文章，并导致混淆和模糊议题的结局。音乐无法阻止邪恶。请允许我假设，如果这个行业崩溃，音乐可能会消失。最好的音乐之花，最纯洁的自我体验的例子，即艺术歌曲、四手联弹，以及家庭中的室内乐，几乎被遗忘了。音乐可能正在回归到一种服务于全社会、全民的功能，一个决定性的区别，就是现在的音乐商品化。因此，管弦乐队，同时也是对视觉上的展示，成为音乐表演中的宠儿。他们越来越接近机械化和机器般的精确，除了委员会和董事会之外，他们还有一个老板，一个独裁者。

音乐的作用是满足人们所有的精神和情感需求。音乐的标准化可能会到来，这会很方便！现在，音乐主要具有任何大企业都会有的社会作用。人们更偏向阻力最小的路线。机器时代和大规模生产也改变了艺术生活，以及人与艺术的关系，这与对个人主义和理想主义、精神信仰以及奉献精神的攻击是一致的。我不知道这些价值观的替代品是什么。音乐无法影响人的道德意识。有些最野蛮的纳粹却是最纯洁艺术的真正爱好者。希特勒喜欢音乐，他最喜欢的是《帕西法尔》①和《风流寡妇》②。他听得很多。

艺术不能帮助和平与秩序的建立，也不能防止欺骗。艺术的

---

① 《帕西法尔》（*Parsifal*），瓦格纳的三幕歌剧，作于 1877—1882，1882 年首演。

② 《风流寡妇》[*The Merry Widow*（*Die Lustige Witwe*）]，莱哈尔的三幕轻歌剧，作于 1905 年，同年首演。

福利取决于个性。我认为热爱伟大艺术总是会给人带来平静，而那些渴望通过他们在艺术方面的经验从而戒除傲慢并摆脱平庸的人，现在正遭遇着困境。他们必须有非常坚定的信念，绝不能陷入失败主义、逃避主义或放弃。音乐可以帮助他们在任何情况下都能保持自信，并认识到他们这种天生的、不可改变的性格的特权，是对我们所认识到的属于非精神范畴的幸福的补偿！

如果那些受到上帝恩典并保持谦逊的人不屈服，他们会协助（人类）将艺术留在我们身边。

我相信他们会的！

演 讲 介 绍

　　本书的这一章节提供了迄今尚未出版过的哈佛演讲的最终版本。除了少数几篇短文和节选以及比较珍贵的信函外，这些讲座是施纳贝尔写的最后一篇大篇幅文章，是 1951 年他去世后唯一未出版的著作。

　　哈佛演讲大概是在 1949 年秋天的两个月里完成的。虽然施纳贝尔可能早在 5 月份就开始了这方面的准备——最初手写草稿的前四页是写在旧金山诺布山（Nob Hill）酒店的信笺上——但大部分写作无疑是在秋季完成的。施纳贝尔被迫用了一年中的大部分时间从 1948 年 12 月那次致命的心脏病发作中恢复过来。1949年 5 月，他恢复了长时期由于身体问题而中断的公开演奏，大约于他同意在哈佛大学做这两个演讲的两个月后，仅在旧金山演奏了两首莫扎特的钢琴协奏曲。他在旧金山附近的圣克拉拉（Santa Clara）的洛斯加托斯（Los Gatos）度过了夏天，致力于完成他的第三交响曲，9 月中旬他先去了芝加哥，然后返回纽约。

　　目前共有四个现存的演讲版本，一份手写的初稿和后续的三份打字稿，其中包括施纳贝尔本人在每一个阶段的修改，这些是由玛丽·维吉尼亚·福尔曼（Mary Virginia Foreman）准备的，她自 1935 年以来一直与他来往密切。

　　因为在二十世纪九十年代，当柏林的艺术学院（Akademie

Der Künste）收到这些讲演时，演讲稿并不是按照原来的顺序，因此第一步的准备工作就是重新整理现存的资源、恢复原版的页码，以及确定现有版本的页数及大事记。这些版本中只有两版是连续和完整的。

由于所有的讲稿都包含了玛丽·维吉尼亚·福尔曼的笔迹以及施纳贝尔自己的笔迹，人们一定会问及福尔曼在不同写作阶段所介入的性质和程度。在对手稿进行了仔细检阅后，我们得知，除了准备打字稿外，她的参与并没有超出基本编辑的范围。她给予的修改建议主要是改善句子中的措辞或词序，但基本想法都是施纳贝尔本人的。请不要忘记，尽管施纳贝尔精通英语并且词汇量也很大，但英语毕竟不是他的母语。然而，在他职业生涯后期，所需要的编辑量无疑比以前的演讲少得多，尽管性质相同。事实上，施纳贝尔在准备将他的第一次演讲整理出版为《反思音乐》（*Reflections on Music*）一书的英文版时，得到了后来他的传记作家凯撒·泽尔兴格（César Saerchinger）和罗杰·塞申斯（Roger Sessions）的帮助。施纳贝尔的这个第一次演讲最初是用德语写成的，题目是《有关音乐的思考》（*Betrachtungen über Musik*）。其他所有讲座都是用英语构思起草的。

根据哈佛演讲的草稿显示，施纳贝尔最初写了一篇手写的版本，然后对其进行了修正，并以它作为第一篇电子稿的基础。在准备一份新的电子稿之前，所有进一步的修改都是由他亲自在底稿上用手改写的。

目前还不太清楚施纳贝尔最终的演讲依照了哪个手稿。非常有趣的是，现存的倒数第二个版本的页面上都带有音符、延长记号等"有表现力"的标记，以强调文章中带有特定重音与长短的某个单词，和文章的流动与连贯以及其他语音变化。我们无法确认施纳贝尔实际的演讲是否使用的是这份手稿，还是用后来进一步修改过的版本演讲。但这些具有独特表达标记的"演讲"版本表明，通过他多年的钢琴演奏经验，施纳贝尔清楚地意识到了修辞效果对一次表达清晰并严谨演讲的影响，因此标记出了他自己独特的表达方式。

林恩·马西森（Lynn Matheson）

反思音乐

一

让音响起来吧，音本就存于世间！音调在人类身上被赋予了生命；之于人中，便成为生命的要素、脉搏、思想及使命。

人类有能力在不需要外部帮助的情况下自身发出声音并产生音调。音调，以其无限的发展潜力，已经深深地植入在人的心中，并决心将这些可能性变为现实。

对于人类来说，这种能够产生音调的天赋，可以满足精神上的渴望，显然是为了超越物质所带来的幸福和灾难，从而增加欢乐和减轻痛苦。因此，它成为人类的使命和愿望，用这个超自然的物质，用这个振动的音调，通过人类的智慧，来创造出一个不断变化的宇宙，一个可以感知但却是无形的，一个超越所有自然现象但非理性的现实。

这个创造，只不过是一连串的单音，我们称之为音乐。音乐最终成为情感生活最独立的表现形式，一种情感的象征，在不失去其基本品质的前提下得到强化和升华，经由精神上的提炼，最终成为一种具有代表性的独立自主的艺术形式。

二

我是如何定义艺术的，如何力图达到用最明确的方法来确定那些将艺术与其他知识区分开来的特性（你们看，直觉上，我并没有那么不确定）——关于这一点我有一些话以后再详谈。

到目前为止，这个有机体是用乐音作为材料而产生的，领域覆盖范围甚广，种类繁多。人类第一次将两个音一个接一个地发出的声音是音乐；贝多芬的《升 C 小调四重奏》是音乐；两个音之间发出的，或在它们之后发出的，每一个有组织的音调序列也是音乐。因为并非所有人类社会都达到了相同的文化水平，因为有许多原始民族仍然存在，因为有些其他民族文化活动的停滞和衰退（可能始终意味着倒退和逐渐衰落）。总之，因为最简单和最复杂的生活方式以及中间状态的各种生活形态同时存在，较低和最原始的音乐形式也就会同时存在。因此，对于文明世界的学者来说，其中的大多数是已知的。

正如我在一开始就说的，人类的创造及再产生能力，毫无疑问地存在于每个人。

音乐一旦产生了，就可能有无限的存在方式。它保存在记忆中，对这种最低级的形式来说，记谱法是多余的。

音乐的再生产只要有声音振动的长短即可，它就像说话，抑、扬、顿、挫。音乐要成为可感知的，就必须每一次都从记忆中唤起并再创作。一张唱片，是对现实永久的复制，只有当人类自愿并且能够在用机器保存之后停止对原作进行再创作时，才能放弃这一需要。但是我并不相信唱片存在的目的是朝着这个方向发展的，所以这可能是白费力气了。

较低级及未经记录的音乐形式经口传心授而得以保存，如民间传说和故事，代代相传。与手稿、图片和建筑物相反，它们是不可摧毁的。

大概这些最低级的形式不论发生在任何时间、任何地点，相互之间都是非常相似的。与工作有关的身体运动，无论是单独的还是与他人一起完成的（让我们都称之为娱乐），还有自然界中所产生的一系列声音，也都可能引起或影响这些较低级的形式。在这方面，使我想起了鸟鸣、桨声、流浪汉的脚步声等。

在最原始层次的各种形式自然是很有限的，但这是音乐本质中所固有的一种简单的形式，虽然是最低级的，但却最容易有不同的表现形式。比如，相同音高的两个音，可以通过改变它们的节拍以及它们的力度，这种更快更响的再现与较慢和较弱的版本之间没有丝毫相似之处。通过用这种改变声音的排列而并不改变它们音高的方法，我们确实可以产生一种完全相反的效果，一种反应出极度喜悦，而另一种极度悲伤。在创作一首作品时考虑各个组成部分中个体价值所出现的问题，对我来说是极其重要的。

十分肯定的是，即便再低的水平，音乐的呈现也要遵守一定的惯例。音乐活动很早就成为人类的职业工作之一，例如作为宗教仪式的一部分，或者守夜人的服务。值得认识到的是，跟现代人比，原始社会的所有人是否都具有发出最低级音乐形式中几个音的能力，是否所有这些人在听到一次后马上就可以模仿，还是有些人需要在重复几次后才能做到，而另外一些人却完全没有办法模仿。对我们来说，已经拥有了一个完美的音乐形式，这个音乐形式从最简单、最容易获得的有机体到极其精致而复杂的，再求其次，到达彼岸的艺术：对我们来说，很难想象并不是每个人都能解决原始文明中最简单的音乐问题。在我们这个阶段的文明社会，不可否认，仍然有一小部分人拥有并寻求这种方法，这种达到我们音乐成就顶峰的方法（我认为，寻求它的人其实已经拥有了它）。但是在山谷里，每个人都可以找到自己的路。我们最简单的歌曲、舞曲和进行曲，几乎每个人都会唱歌、吹口哨，或者打鼓，起码是一小节一小节的。我们最简单的乐曲还是要比最低的形式复杂许多。

我特别感兴趣的问题是，一个人音乐上的攀登是否仅仅靠他的天分，还是也要靠他的后天训练。教育有一天可能成为许多天才之母的想法，或者更确切地说，每个受过教育的人有朝一日都能成为天才，这一想法在我看来似乎是最大胆的乌托邦式梦想。我认为我们没必要害怕这种设想。

我一开始就说，我认为每个人都具有音乐感。在原始意义上，这显然是正确的。我也曾说过，如此被赋予的天才更需要自身的强化——有钱才能放高利贷。为什么满足这一要求的能力没有平均地分配在每一个人身上？德语中的"天赋"这个词（Geschick）也意味着命运：这种双重含义难道不是意味着一个深刻的真理和正确的观念吗？

如果大自然决意赋予人类一种发展他们天赋的能力，并且因此而带来他们之间最大限度的区别，那就必须也分配给他们分配劳动力的责任。的确，巴赫的赋格艺术不会仅仅源自自我保护的本能。因此在人类内心必须存在着一种积极地推动变革、进步和崛起的力量。人类被赋予成长的义务和成长的可能性，但是这种成长的目的却是未知的。相比而言，虽然他的肉体不能逃避死亡，但是他的作品比起他的身体却是无形及永存不朽的。当这个可能性成熟后，就一定会成为现实。

正如我们所见证的那样，自然形成的劳动力分工是我们有众多职业不可避免的结果。人类是否自由地，或者能否自由地选择一个需要付出比赋予他先天条件所能完成的更多努力的领域。他可能有选择的自由，但是我不认为他有选择的能力。我也不相信任何人在缺乏完成特定领域所需的能力时，会滋生尝试的想法。因此靠选择而成为天才是不可能的。

在区分差别的第一阶段，必然有自然淘汰、选择和召唤。从来没有人发明过可代替上苍来分配的替代物，这样的天才种子还没有被发现。正如我所说的，区分导致了劳工的分类和职业的分组。在一些人类社会里，这种分工才刚开始：并不是所有的人都被召唤了，尽管谁都有成为天才的可能性。但是上帝选择文化发展土壤的方式是神秘的。它首先选择的是可能还尚未意识到形成独立个性的个人。人成为了一种工具。有些人被赋予了创造力，他们从实际操作以外的各个领域中脱颖而出。他们的优势得到承认和奖励，他们的成就令人愉悦和向往。这些天才的个体开始相互影响。一个人的成绩对另一个来说就是经验，他想要重复这种经验。这就是艺术的开端，同时也是艺术批评的开始。

正如你们所看到的，我认为，艺术创作必须领先于公众的需要。创作作品的"命令"来自上天赋予的礼物——天赋，它使拥有它的人能够创造它，尽管不一定是在"为艺术而艺术"（l'art pour l'art）的口号之下。但是，有一个互补的命令出自于天赋，从而催生了对文化创造的需求。否则，这些作品就不会源源不断地出现。

　　创作的数量越多，公众对作品的要求就越苛刻。因此，在创造者的控制下，技术的重要性不断增加，直到产生一件作品所付出的努力占据几乎所有的时间和精力。因此，为了使自己全身心地投入其中，他的工作必须是可以交换的产品，以满足他的生活需要。这些都是由那些渴望知识和精神食粮，并具有接受能力的人所提供。因此，文化创作的保护和再创作便取决于公众的需求，通过理解和热爱来表达。这句话跟前一句的"创作必须领先于需求"并不矛盾。呼唤必须领先于回声。没有听到回声的呼唤者可以改变他的位置，从另一个位置发声。当然，也可能是休眠的回声引起这一召唤。但无论如何，一定要有人先发出呼唤。也许凭直觉他只会在等待回声被唤醒的地方呼唤。

三

　　到目前为止，我尽可能地避免所谓"艺术"的称呼。我提过的文化创作，实际上指的是艺术。对于我来说，这个艺术，是指所有艺术作品和艺术成就的总和，它们构成了众多文化创作中的其中之一。为什么我这么害怕用这个词？因为我发现，虽然众所周知，"艺术"一词作为通用术语，囊括了许多内容，然而我对艺术本质的看法却并没有包括在内。所有的艺术分支都是如此。然而现在，我应该把自己严格限制在音乐艺术上。也许几个世纪以来，凡是只有几种原始音乐形式存在的地方，没有任何形式上的增加或值得关注的变化，但无论它们的目的和效果如何，我仍然把这些表现形式称为艺术。因为，在这种情况下，这些形式通过他们的兴致和目标，体现了音乐表达的终极阶段，就是我所理解的艺术。音乐比其他种类的艺术更晚获得个性，并最终实现自主。

　　欧洲在中世纪开始从一个正在崩溃的文明废墟中建立起一座新的艺术结构，他们偏爱于修道院隐居生活的沉思和自我反省。人类开始领悟音乐中所隐藏的宝藏。他们相信外因引起了权利及衰败，相信神和英雄提供了贸易繁荣和社会兴旺。他们甚至可能因物质的缺乏而接受贿赂的信奉已经失效了。只要他受到爱、仁慈、克制和甘愿受苦的引领，取而代之的是对神秘而壮丽的理想主义的信仰，以及与谦逊恭顺一样不可摧毁的、人人都可以掌握的力量。唯一被承认的不幸是爱的缺乏。这种与灵魂的交流，这种人类精神上的连接，这种对个人的肯定，为一种新的音乐艺术形成提供了肥沃的土壤。在这个物质匮乏的时代，具有孕育如此情怀的心态有很大的说服力。这种专注和精神上的保证集结了坚固的财富，但对物质要求的产生却威胁了这一财富。因此，图像和文字描述被摒弃了，无形的现实作为社会运动核心需要其他的符号，以给予灵感和幻想充分发挥的自由。音乐显示出其更高的潜力。

利他主义强化了个人，这听起来显然是自相矛盾的，然而是事实。在无私的个人活动中，中世纪的这些人致力于和平地传播新信仰的荣耀。热情与敏锐的智慧结合在一起，在这个条件下树立了新的教义。甚至临时政权也被迫依赖于这种新的见解，并努力使之为自己的目的服务。很显然，新的思潮并没有失去与过去的全部联系。它的音乐部分也如此，与之前已成型的方式联系在一起。人类本身就具有这种连续性和亲和力，对于人类来说，似乎从来没有什么会被认为是很新的。

音乐遗产在新信仰的群体中，就像所有的文化事物一样，很快就从被驱散和破坏中解脱出来并得到保护：它被收集、筛选和研究，可用的段落被保存下来，并作为全新的表达素材。首先，对声乐的培养占主导地位，器乐（产生音乐的乐器早已存在）有些太世俗了。其次，在这种带有宗教性质的环境中，随着细小的划分和再划分，符号和标记以及复调产生了。最后，可能是通过个人的突发奇想与巨大的热忱，决心通过即兴演奏对礼拜音乐赋予更多色彩；也有可能是为了表明他们对自由的渴望，或者仅仅是为了克服自己的无聊。

同样，在这个（音乐的）活动范围内，随之出现了职业及工种的分配。在特定的区域内，教徒们全神贯注地倾听并参于（至今仍然是如此）。一个明确的、全面的以及可教的秩序已经逐步形成，然而，只要本意不变，内心要求扩展的欲望就从来不会被抑制。那些因天赋而被召唤的人，被要求不间断地继续他们的工作。

日益增长的教规成为一种明显可见的现实、一种影响、一种势力、一种扩展了的制度。它首先根植于来自外界的直接触动，以及寻求智慧解决矛盾但力量薄弱的地方。当它最终闯入这些智慧力量仍然有效的区域时，一场在身体、感官和智慧上必须与特权的冲突是不可避免的了。稳固的政权对这些神秘涌现的力量几乎没有造成任何威胁，反之亦然。在为人类生存提供条件的情况下，（这个制度）试图将不同势力团结在一起，形成一种妥协。但是却从来没有在一致性上获得成功。在每一个独立存在的个体以及所有的群体中，感官、智慧和情感相互向前推动，亦常常相互对抗。这种对抗涉及所有人，无一幸免。这些势力都自称拥有特权，以理性解决极端问题的努力失败了。为了防止分裂，制定各种旨在将那些自我主张的因素都保持在它应在的位置上的禁令，即变得十分必要了。二元论，或者更确切地说是多元论，对具有创造性的个人以及整个社会来说，形成了一片不太安定但又非常肥沃的土壤。每一种理论都声称是自己提供了唯一的解决办法，每一种学说都在为能成为唯一而奋斗。每个人的初衷和目标都是幸福，但是却没有两个概念是一样的。来自四面八方的斗士都朝着这个目标前进，为了达到目的可以不择手段。即使是智慧和爱也会利用暴力来达到目的。完美的平衡只有在非常和谐的个性中才有可能实现。

胜利和征服的信念给每一场社会运动都赋予生命，它点燃了创造的天才，解放了个人。没有任何努力会长期由一个统一或集中的整体决定。所有活跃的领域都取得了前所未有的进展，但是并没有产生一个所谓的统一、有效、可行，以及具有正确思想比例的复合体。一方面，是宗教、艺术、科学；另一方面，是技术、经济和政治，出于实用的原因而相互关联。但从本质上说，它们几乎没有联系。

对于上面提到的三项因素（技术、经济和政治）来说，人是一个客观体；但对于宗教、艺术、科学来说，人就是主观体。可以说，人在两个区域行使职能。显然，由于信仰的改变，美化的以及理想化的符号不可能再在两个区域保持一致。这就是艺术的解放，个性化和专业化的开始，即音乐的伟大转变。音乐成功地成为独立自主和纯粹的艺术。它曾经是一个整体的一部分，现在成为一个完整的实体，独立地与其他的实体站在一起，这些实体只有一个共同点就是生活本身。这种向绝对音乐变革的转变，只有当一个天才在个性解放和二元论力量的推动下，不再虔诚地与那些满足精神欲望的既定制度产生共鸣之时才会发生。这样的传统和习惯，似乎并不适合总是靠爱的观念活着的特殊的人。他会发现，音乐是这种思想特别完美的栖息地。

至今，旧时定义的音乐并没有停止使用，即使它本身已经成为一个完整的实体，它继续作为其他实体的一部分而存在。在这里，我们必须形成一个新的音乐概念，以便和旧的音乐区分开。旧的也不再是以前的样子了。通过添加一个音乐的"上层"，由原来存在的自身变为另一类别的结构。即使是作为附属功能，只要是同样的材料所制成的任何东西，没有同时存在于一个非从属的功能中，并能够独立代表这个思想，这便是艺术。从今以后，音乐被划分为不同的种类，在这其中，我更偏向于只把一种定为艺术。我不再认为"应用音乐"是艺术。

四

　　人是有音乐感的。他能发出一系列的声音并再现它们。但是，对初级作品赋予灵魂精神化的完善以及塑造，显然需要特殊的才能。通常每个男性和女性都具有音乐感，但并不足以保证他或她能够接触到音乐艺术。

　　在我看来，个人追求更高知识水平的动力不可能产生于外界影响；这种强烈的愿望，对于那些具有清晰感知的人来说，必须是与生俱来的。教育和环境可以使每个人都有机会发现自己感觉舒服合适的地方。然而，没有与生俱来的欲望，就不可能与艺术真正心心相印。例如，对音乐的欣赏被认为是所谓受过教育的人的"百宝箱"中的一部分；但我们知道，其中许多人甚至与"艺术"这两个字都没有一点关系，他们既不打算装懂，也无意追求。

　　音乐的发展是在欧洲的小部分地区发生的，这些地区得益于文化创作的多样性，大体来说，主要归功于异教、希腊文化和基督教的融合。在这里，音乐是从私人娱乐中衍生，从次要的、从属的，仅仅作为装饰的角色到以自由为目的的选择，直至自成一体；它成为一个象征性过程，自身完美，只接受其自身法则和条件的制约；它从公认的精神需求出发，通过无穷无尽的手段结合，始终如一地具有艺术含义的意识，被精神化、浓缩化，在它们预期效果方向的指导下，向着与起点一致的地方，形成了具有代表性的有机体。通过悟性与智力，从灵魂到灵魂。这大致表达了我所理解的艺术进程。

　　顺便提一句，音乐的解放和音乐自主的确立，在我看来是欧洲对整个人类文化所做出的最具有创造性的贡献。

五

与其他任何产品的情况一样：一方面，艺术作品在产生之前，必须要有创作的意图。因此，创作者必须首先确定它是一件艺术品。另一方面，在接受一件艺术品之前，必须先有要体验它的冲动（以及接受者对这种冲动的认知）。纯音乐是为了使人以全神贯注的专注力来聆听音乐而创作的。目前就有关思维而言，虽然在身体和智力处于被动的状态下，但是仍然伴随着有待释放的精神和情感活动。

并不是纯音乐中的每一首创作都是艺术作品。严格地说，任何与文字、图像以及有形物产生关联的音乐作品都不算纯音乐，因为它们唤醒了音乐之外的概念。在歌曲、清唱剧或者弥撒中，歌词往往是趋向附属的。它们服务于音乐，而不是被音乐服务。歌剧也是一样，歌词本身并不能真正地从音乐中分开。真正阻止音乐被完全听到的原因是听者必须由眼睛来跟进剧情的发展。然而，尽管如此，这类的创作仍然是艺术，因为它们的作者有意识地希望它们具有象征意义。轻歌剧就没有这样的意义，因此无论多么优秀和迷人，它不是艺术。这取决于定位，而不是质量。

应用音乐的目的是为非音乐职业提供生动的伴奏。还有一种"实用音乐"，这是如今最恰当的表达，虽然它经常有额外的音乐倾向。实用音乐接近纯音乐，纵然它的演奏是值得听的，但它的产生是为了表演者的利益，例如，儿童游戏、音乐的练习、工人的宣传合唱，以及校园音乐。这是一种学习音乐的方式。一首音乐作品只能属于一类，当它被卷入到一个它原本不打算涉足的领域时，就失去了作用。施特劳斯的华尔兹是令人愉快的，但它们是为了舞厅而作的。舒伯特的《B小调交响曲》在一部轻歌剧中使用时，被"贬低"为精致可爱，成为仅仅是唯美的素材。艺术作品之所以感动人，不在于素材，而在其传达的精神。

六

艺术包括艺术作品与艺术家。将品质与此名称联系在一起的一般习惯是有误导性的。当表演艺术用于任何既定任务成功的结果时就会被滥用。艺术本身是一个领域，起源于那里的任何东西，用最高标准来衡量时无论有多差，都属于艺术领域。艺术家是将艺术作为事业并以此为志向的人。如果一个人活跃在艺术范围以外并赢得成就，那么并不能说他是一个艺术家。最好的鞋匠只不过是最好的鞋匠，即使有直觉、技巧和灵魂，他也只是个鞋匠。艺术作品只能用艺术标准来衡量，糟糕的清唱剧不能用好鞋子的标准来衡量，而艺术并不是唯一需要有创造性造诣的领域。

与所有生产部门一样，艺术品中也有好的、坏的和中等的，尽管没有办法以法律上的效力来证明其价值。对价值的估量也许是通过作品的寿命来确定的，以及通过那些已被承认的人的证词来确定。没有一个给予经典作品创作专利的方法。没有人能够刻意创新，也没有人能够刻意兼收并蓄。

所有将艺术作品与私人生活或创作者的哲学联系起来的尝试，在我看来都是毫无意义且危险的，这是传记作家们最喜欢的消遣。创作者在音乐之外的态度对音乐本身没有意义。简单地说，一件艺术作品起源并生活于肯定与否定之间的空间中。何时、何地和对谁说"是"或"不是"完全不重要：重要的是陈述的力量，而不是它的话题。比如，围绕着天堂、地狱、地球的象征；一个人的天堂可能是其他人的地狱，但必须取决于他本人的感觉。

　　所有对不同艺术作品特征之间差异的强调，往往会使我们偏离它们真正的本质。与所有艺术作品的共性相比，地区性和时代性对作品的影响是最有限的。只有通过对艺术渴望的动力，社会才能在艺术创作中发挥显著的协同作用。一个不可否认的事实在众多土地上出现，艺术的滋养时而在这繁荣，时而在那繁荣，时而又会衰败、瘫痪甚至死亡，这只能解释为对（艺术）需求的兴旺与衰落，某种程度上也可能会受到政治条件的影响。因此，历史事件可能会影响、激励或释放艺术创作；但是艺术的创造性，一种属于全人类的力量，无时无刻地潜藏在其中。对于艺术作品数量的开发也受到这种驱动力量的影响，对某一类或另一类艺术的偏好也是如此。因此，不同种类和不同数量的作品很可能会产生于不同的国家和时期，但艺术作品的本质和价值只遵循自身内在的规律。艺术作品无论大小都有着共同的基本品质。

七

　　音乐和音乐艺术是神秘且必然、可触摸且可塑的现实，在宇宙中相互关联并各自成形；是非我的、自我的和超我的；是取之不尽、用之不竭的。"余下只有音乐"，音乐从本质上即始于此。我必须择时结束，今天，我知道没有比引用叔本华的定义更好的方式来结束："音乐是宇宙的再现。"

后　记

　　1949 年早春，阿图尔 · 施纳贝尔接到了赴哈佛大学演讲的邀请。由当时的主任 A.蒂尔曼·梅里特（A. Tillman Merrit）在 1949 年 3 月 30 日写给院长 H.保罗 · 巴克（H. Paul Buck）的信中证实了施纳贝尔接受了邀请，并确认了他所选择的主题。"亲爱的保罗：你会很高兴地知道阿图尔·施纳贝尔接受了我们的邀请，他将出席明年所举办的路易斯 · C.埃尔森的纪念演讲会（Louis C. Elson Memorial Lectures）。他建议在 12 月初连续两个晚上进行演讲，并提议其主题为："音乐——其作用与限度"。1949 年的冬天，也就是在他 1948 年 12 月 11 日几乎致命的心脏病发作后的一年，施纳贝尔在哈佛大学做了两次演讲。

　　在他漫长的钢琴家和教师生涯中，这并不是施纳贝尔第一次同意在大学的校园里，把较为熟悉音乐厅的钢琴键盘换成了讲台，通过语言而不是首选的声音来表达他对音乐的看法。在长达十五年的四次不同场合，施纳贝尔一共举办了十八次演讲。没有一次是用他的母语德语来讲的，也没有一次是在讲德语的国家举办。他的第一次题为《反思音乐》的演讲，是在 1933 年希特勒上台后，施纳贝尔和他的家人永久离开德国后不久，在英国曼彻斯特大学举行的荣誉学位授予仪式上发表的。不到两年后，他在哈佛发表了他在 1951 年夏天去世前所做的最后一次演讲。

除了1945年在芝加哥大学举办的自传式演讲之外——即使是这些演讲也不能认为与施纳贝尔的其他讲座有太多的不同，施纳贝尔举办的所有讲座都可以归纳到广义的音乐美学这一主题下。这里仅举几个例子，比如：音乐是什么，音乐的起源与发展，音乐在人类生活中的位置，什么才代表一件艺术作品，以及音乐与其他艺术的关系。这些主题在演讲中反复出现，不仅为演讲提供了基本的框架和材料，并且造就了贯穿始终的内在一致性特点。在他生命的最后十年里，施纳贝尔越来越觉得接近音乐的唯一正确和恰当的途径就是通过音乐本身。反映在演讲中的焦点发生了决定性的转变，主要表现在他对使用文字来表达音乐所持有的越来越多的怀疑态度。

1933年，施纳贝尔在发表他称之为对音乐的"爱的宣言"时，并没有对文字显露出后来的这种不安。事实上，是施纳贝尔本人决定在曼彻斯特以演讲代替演奏的。七年后的1940年，在芝加哥大学发表了题为"音乐的某些方面"的三次演讲中，施纳贝尔第一次表露出语言和音乐之间根本不可相比的意识。在这里，施纳贝尔提到了音乐课中的文字和音乐的不协调；如果演奏者想要在音乐上取得成功的话，语言必须保持为一种工具，一种达到目的手段，但紧接着就应该被遗忘。再者，用语言思考不能与用音调思考相提并论，他把音调这个词用于音乐只是因为没有更合适的动词。在讨论中，他注意到越来越多的职业和个人，他们主要关注的是写音乐，而不是积极地成为音乐家。他对此的矛盾心理很明显，但没有理由在他的演讲中更详细地讨论这个问题，以后也没有再进一步关注这个问题。《反思音乐》以及1940年芝加哥的讲座在发表之后不久就出版了，是由施纳贝尔本人准备的。[①]

　　但是，五年之后，他所持有的怀疑态度增加到了一定程度。施纳贝尔感到无法积极回应罗伯特·M.哈钦斯（Robert M. Hutchins）临时代替亚历山大·怀特（Alexander White）教授，在芝加哥大学进行一系列讲座的邀请。经过芝加哥大学校长哈钦斯的劝说，以及与同事和朋友的讨论，施纳贝尔最终同意举行一系列非正式的自传体"讲座"，前提是如果失败了将终止讲座。1945 年春天，根据在给哈钦斯信件的草稿显示（施纳贝尔在第一次讲演中把这封信称为"信仰的忏悔"），施纳贝尔最初拒绝这一提议有两个原因。他不仅坚持他本人"没有训练，没有经验，也不追求"接受用文字和数字呈现和揭示音乐本质和复杂性的"不可胜任"的任务，并且，施纳贝尔还认为"与音乐思维建立联系的唯一媒介是声音"。此外，把音乐拆卸成"碎片"属于"间接"音乐家的领域；施纳贝尔本人的职业是一位"直接"的音乐家。

　　不可想象施纳贝尔对音乐的任何评论会出现缺乏灵感，或者有任何一丝不足。因为事实上，作为最后一位将教师、演奏者和作曲家的角色合为一体的伟大人物，他的资历和经验是许多人都不具备的。他非常擅长使用德语和英语的首音误置（spoonerisms），这起码证明了施纳贝尔在一定程度上对语言精湛而准确的偏好。此外，通过施纳贝尔的钢琴学生和大师班学员所

---

　　① 阿图尔·施纳贝尔的《反思音乐》，第一版是在曼彻斯特，1933 年曼彻斯特大学出版社，以及 1934 年纽约的西蒙与舒斯特公司出版的。三篇 1940 年芝加哥的演讲第一次是以《音乐诠释的困境》为书名，1942 年由普林斯顿大学出版社出版的。

有的报告，更不用说通过他的儿子卡尔·乌尔里希·施纳贝尔[①]继承下来的音乐传统，我们得知他还是一位音乐分析大师。施纳贝尔有一种创造语言类比和描写刻画的不可思议的能力，以此传达足够的信息来指导演奏者，虽然这还取决于学生自己去攀登最高的音乐山峰。另一方面，在演讲中，施纳贝尔并没有在表演实践、音乐风格等问题上浪费任何文字，也没有对具体作品进行音乐分析。他选择讨论的话题具有更广泛的音乐性质。这至少在一定程度上与他接近音乐的唯一途径是通过音乐本身的信念有着不可分割的关系。

如果施纳贝尔对此有如此强烈的感觉，强烈到事实上他曾考虑过放弃在芝加哥演讲的机会，人们可能会问他为什么不拒绝在哈佛进行的这两次讲座。他没必要这么做。两次讲演有着很大的不同，哈佛大学的讲演内容是继续了给哈钦斯的信。虽然这封写给哈钦斯的信中引用的段落只是为后来的演讲提供了一个背景，但在哈佛演讲中，这些想法构成了讲座的一个组成部分。它们形成并发展了类似复调对位的线条，并且有时险些淹没了已经考虑成熟并固定的主题旋律。

在这两次讲座中，标题本身可能就是出现本质上差别的第一个迹象。虽然第一次讲座所用的标题"反思音乐"和"音乐的某些方面"都比较笼统，更不用说在芝加哥非正式且未命名的自传体讲座了。施纳贝尔授予哈佛讲座"音乐——其作用与限度"的标题，这个标题唤醒了学者们的期待，而施纳贝尔本人却无意以

---

① 卡尔·乌尔里希·施纳贝尔（Karl Ulrich Schnabel，1909—2001），钢琴家、教师，阿图尔·施纳贝尔的儿子。

习惯的方式来满足这些期望。虽然他觉得有一定的义务来回答自己所提出的问题，但这并不是讲座的唯一目的。施纳贝尔最初可能会讨论使用文字来描述音乐中存在的问题和复杂的本质，但很快就发现了这只是冰山一角。

　　作为作曲家和演奏家的施纳贝尔，非常清楚音乐和语言之间的基本区别。正如文字语言遵循某种本身的逻辑一样，音乐也确实存在本身内在和独特的原则。这一事实也曾给他之前其他伟大的作曲家们带来困扰，如阿尔班·贝尔格①在写有关音乐的文章时，也曾面临过诸如此类的问题。除此之外，音乐既不是描述性的，也不是目的性的，它是不可译的，也没有固定的意义。因此，音乐不是一种语言。然而，音乐必须借用文字语言的各种术语，因为没有一个专用的词汇来描述它。即使是"音乐"这个词，本身也包含着多种定义。在施纳贝尔看来，用文字和数字来描述音乐并没有使之变得更清晰或更具有启发性，反而常常更多地混淆了问题本身。他认为在实践中，只有纯粹地用音乐表演来诠释音乐本身，才能完全地将音乐观点阐述清楚。由此，人们可以想象施纳贝尔对当前的"讲解—音乐会"（lecture-recital）的反应是什么。

　　任何一位几乎完全依靠文字语言来表达他或她观点的学者，都可能会挑剔施纳贝尔对文字所持有的缺乏信心的态度，以及，即使是在特定语境中，似乎对使用口述语言来表达（音乐）的明显缺陷过于谨慎和怀疑。尽管在理论上，单词可以说有固定的字

_____

　　① 阿尔班·贝尔格（Alban Berg，1885—1935），二十世纪最有影响的奥地利作曲家之一。

典上的定义——这就是与音乐的基本区别之一，但施纳贝尔所看见的是，单个的词也是不精确的。施纳贝尔几乎立即指出了与手头议题有关语言所涉及的困难："我打算如何解释'功能'这个术语呢？目的还是效果？如果是后者，我指的这个影响是对个人还是对社会？"施纳贝尔还有别的想法。通过这个段落，他把注意力从词与音乐的内在联系中转移到了所谓的"间接"音乐家以及音乐学术研究的更大范围。

虽然施纳贝尔声称，他无意诋毁学术研究的成就和进步，但很明显，他对这一领域的某些倾向持批评态度。哈佛演讲的前几个月，1949 年 6 月 15 日在给玛丽·弗吉尼亚·福尔曼（Mary Virginia Foreman）的一封信中，施纳贝尔写道："芝加哥大学的共同事业课（Common Cause）也非常令人不满意。那么多精力都淹没在无穷无尽、毫无意义、单调乏味的谈话和印刷，印刷和谈话中。"[1] 这样看来，施纳贝尔的关于他如何定义"功能"一词问题的含意是很清楚的。他指出对"功能"一词的多重可能和解释，说明了在较小学术范围内，施纳贝尔的论点并无学术地位。令人遗憾的是，事实上，仅仅为了强调和阐明学术演讲中使用的术语，做冗长解释的做法，哪怕是必要的，往往会与议题不成比例。此外，施纳贝尔认为，纯粹的信息积累不仅分散了对更重要问题的注意力，扩大了观察者与主体之间的鸿沟，更不可避免地导致了误解和坏习惯的产生，而不是强调传统或启发真正的洞察力。与

---

① 玛丽·弗吉尼亚·福尔曼（Mary Virginia Foreman），施纳贝尔的朋友，从 1935 年直至 1951 年施纳贝尔去世前两个月，一直保持着与他的书信联系。这封信摘自 1949 年 6 月 15 日。艺术学院，施纳贝尔档案，ASA899。

此相一致，施纳贝尔谨慎对待二手信息，告诫他的学生要独立思考，并在可能的情况下查阅使用作品的净版（urtext）来学习。施纳贝尔本人认识到这些版本的重要性和价值，在他早年在维也纳与尤西比乌斯·曼蒂切夫斯基[1]学习理论时，曾有机会查阅过许多伟大作曲家的手稿。

在哈佛的讲座中，施纳贝尔再一次反思了1945年在芝加哥举行的演讲时，他曾短暂关注的关于音乐文字写作的另一个方面，即倾向于把注意力放在贴标签上，局限于小范围内，以及根据类别来思考，再加上一种非此即彼的心理，他指出，这种倾向在很大程度上是弊大于利的。确实，这种思想自古以来就形成和影响了音乐美学的写作方式，似乎像一个巨大的钟摆，无法打破其既定路径的限制。在这场古老的争论中，双方的立场和观点都是熟悉的。音乐是认知的还是情感的？它是神秘的还是理性的？音乐是交流还是表达？仅仅是一种微不足道的打发时间的方式，还是对我们的生存至关重要的东西？这类问题还可以继续列出，但观点已经很明确了。对施纳贝尔来说，这样的思维不仅是片面的，而且是死板的，只会在任何试图揭示音乐真正本质的尝试中失败。在他一生的职业生涯中，当他回答向他提出的各种问题时，显然拒绝按照惯例或常规来思考，其中一些问题包括在了讲座中。当被问到他属于哪一个钢琴教学学派时，施纳贝尔明确地回答："一个命令你按节奏弹奏的派别，"或者"另一个派别，正如你感觉到的那样。"施纳贝尔明确的回答是可以及时感觉到的。施纳贝尔不

---

① 尤西比乌斯·曼蒂切夫斯基（Eusebius Mandyczewski，1857—1929），奥地利音乐学家、指挥家。

愿意接受关于音乐的一种特定的想法或方法而排斥另一个同样有效想法，被引用的口头交流只是其中的一例。在音乐中，认知与情感共存，理性与神秘共存。在他的自传体演讲中，施纳贝尔说："但是我不明白这整个问题，'思维或情感'，'表达或科学'，或者无论你怎么称呼它。"[①]

　　根据他在芝加哥大学自传体的讲座，施纳贝尔并不把音乐学术界的不足，甚至最近音乐界的发展趋势归结为一个单一的因素，而看作是音乐在历史和社会背景中的总体发展。音乐领域的迅速扩展导致了作曲家、演奏者和教师传统组合功能的分离，并产生了对信息、教科书和方法的需求，以满足越来越多的、很少或根本没有音乐背景的、培训中的音乐家的需求。这些因素对应了一个更加集体化、物质化和技术化的时代的兴起，导致音乐及其在社会中的地位发生了根本性的变化：将音乐的功能划分为理想主义和物质主义。但是即使在早期的一些讲座中，施纳贝尔似乎批评的是某些音乐学家和音乐家，尽管他们从事了大量的学术活动，却无法形成一种普遍有效、毫不含糊的音乐原则。在哈佛的讲座中，施纳贝尔显然否认了音乐的教义。

＊　＊　＊

　　施纳贝尔不想要音乐的教义。事实上，他不想承认与音乐有关的任何基于文字的哲学方法，没有词语阐述的想法，没有文字，

　　[①] 阿图尔·施纳贝尔，《我的一生与音乐》(*My life and Music*)，纽约：多佛和杰拉德斯克罗斯：科林斯迈特有限公司，1988年，第178页。

只有音乐，纯音乐。

《反思音乐》一书，回溯了音乐的起源、它的逐步发展以及纯音乐的兴起。施纳贝尔指的是自发性音乐，即没有实用或额外功能的音乐，但不是没有功能的音乐。对施纳贝尔来说，它的开始是发生在音乐从教会的束缚中解放出来的时候。纯音乐取代了宗教，成为一种世俗的代替。它的功能是什么？是理想主义的，"满足所有情感和精神上的需求"。它触及了"我们自己内在的、精神的和理想主义的本质"。

人们可以将自发音乐的根源追溯到不止一个来源，不仅可以追溯到它从教会和任何额外的音乐功能中获得独立，还可以追溯到它从语言中解放出来，直到图形有量记谱法的发展。

正如施纳贝尔所理解的那样，音乐作品的记谱法，是它在图形符号中的视觉实现，标志着艺术创作过程中的决定性时刻。这是从"内心至清晰"进展的第一个外在标志。这些声音符号的呈现可能被看作是一首音乐作品产生的最后一步。然而，一部作品的记谱不仅是通过演奏实现听觉的视觉指示，也不仅仅是简单地将作品类比为想象中的声音模仿。乐谱代表作品本身，同时被还原为一个不存在的原作副本。与建筑不同，一旦房屋建成，蓝图可能会被丢弃。音乐的蓝图，在听觉结构被暂时建立之后仍然存在。它同时也是打开房门与房子本身的钥匙。

然而，在乐谱（即记谱）及作品的实际效果之间有一条鸿沟。音乐表演就是要努力缩小这一差距，使视觉和听觉的作品协调一致。然而，即使一场成功而富有灵感的表演可以客观地反映出印刷在乐谱页面上的内容，但没有任何演奏能够像它的记谱法所代表的那样渗入并照亮艺术作品的核心。反过来，一部真正艺术作品的价值比其所有演奏的总和还要多。每一次对乐谱的诠释，都必须重新创造它。这与施纳贝尔的格言是一致的，那就是一首伟大的音乐作品总是比它的实际演绎要更好。

困难的部分原因似乎在于试图用图像来确保无法捕捉的东西，这正是音乐的本质。一方面，音乐记谱法并不能达到它的目地。它不能同时显示一首作品丰富的内部纵横交错，也不能揭示，例如，作品开头独特和变化语境中的某个音与两小节以后"同样"的音其实并不相同，这就是诠释者的任务。另一方面，音乐记谱法的不确定或"开放"性质，虽然看似具体，但却给予音乐一种彩虹般的性质，使音乐可能成为"不完善的符号"①。这种"不确定性"造成了一种印象，即人们可能永远不会发现关于一件艺术品的所有知识，而对施纳贝尔来说，这是真正的艺术创作中最重要的特征之一。

在这种情况下，我们更容易理解为什么施纳贝尔如此强烈地避免文字语言与音乐的结合使用。在施纳贝尔看来，文字会折中甚至破坏在最高水平音乐中最理想和最基本的品质。施纳贝尔认为，用文字是为了通过分类和贴标签来逃避所有艺术创作中天生的不确定性。人们似乎很难接受存在用语言无法表达的可能性。然而，正是这种音乐的特征导致了它的持续存在，以及在文化上的意义。因此，施纳贝尔从不依赖口头语言来分析音乐。除了在课程或大师课中提供的任何直觉式的分析之外，他在贝多芬的《迪亚贝利变奏曲》和《钢琴奏鸣曲》版本中所记录的解释，以及

---

① 苏珊·K.朗格（Susanne K. Langer），《哲学的新钥匙：理由、礼仪与艺术象征主义的研究》第三版，剑桥、马萨诸塞州和伦敦：哈佛大学出版社，1979年，第240页。

他从 1932 年开始为《大师之声》所录制的作品录音是与音乐分析最相似的。[①]施纳贝尔对录音的排斥是众所周知的，甚至贝多芬的版本也只是更大的"正在进行中工作"的一个阶段。施纳贝尔本人并不完全遵守自己在谱子上的标记。

　　文字是为了思考，而思考是为了形成思想，但是用声音思考并不等同于音乐的思想。此外，施纳贝尔不是勋伯格。整个作品的思考或想法并不是由单个的音乐主题而产生的，而音乐的动机并不是一个词。施纳贝尔希望为艺术创作争取绝对的自由。真正的艺术绝不能有不可告人的动机，并且必须具有天生的精神独立。特别是在施纳贝尔自己的作品中，这意味着拒绝任何先验的规则及约束或霸道的限制。毫无疑问，《十二种乐声》(*Duodecimet*) [②]是施纳贝尔的作品中唯一采用了他同时代流行的十二音技巧的作品。不过，矛盾的是，这部作品写于 1950 年，也就是在举办哈佛大学讲座后不到半年的时间。关于对创作绝对自由的要求，施纳贝尔本人作品中有一些有趣的发展，比如避免有较强烈的调性中心或者使用无调性的写作。但更值得注意的是，将音乐从传统节拍记谱法的束缚中解放出来，这就允许了更多的节奏自由。1916年，他创作的《钢琴五重奏》中有某些方面的节奏标记，比如使用变节拍及复节拍，以及频繁地跨小节线的节拍，就是这种趋势的证据。1914 年的《小夜曲》以及后来的《小提琴独奏奏鸣曲》则完全取消了小节线。

---

① 施纳贝尔版本的《贝多芬钢琴奏鸣曲》以及《迪亚贝利变奏曲》曾经在1924—1927 年由乌尔施泰因（Ullstein）出版。

② 《十二种乐声》(*Duodeciment*)，施纳贝尔在 1950 年为室内乐团而作。

　　　　　　　　　＊　＊　＊

　　人们常说，施纳贝尔集作曲家、演奏家以及教师的身份为一体，以及包含音乐家和钢琴家所具有的敏感与技巧，直觉与智慧。哈佛大学回顾性的讲座揭示了这种罕见的平衡。特别引人注目的不仅是他对社会变迁的敏锐认识，以及这种变迁对音乐在功能和意义上的影响，还在于他对某些理想和信念始终不懈的忠诚，并以此服务于最伟大的音乐艺术。

　　在他漫长的职业生涯中，施纳贝尔的道路总是遵循着具有最大阻力的路线。他对音乐的奉献精神和责任感意味着与传统背道而驰。施纳贝尔从不迎合公众的口味，而是有意识地努力让去听音乐会的观众体验到美妙的音乐，而不是试图把音乐降到一般外行人的水平。这就涉及将一些最费力和最困难的作品放到节目单中，如贝多芬的《迪亚贝利变奏曲》[①]或舒伯特晚期冗长的钢琴奏鸣曲，同时排除其他质量可疑的较流行作品。

　　在 1941 年发表的题为《美国之路》的短文中，施纳贝尔批评了对人才的忽视和为所有人服务的倾向。[②]八年后，他解释了为什么他相信纯音乐类并不适合大众。在这方面也许不寻常的是在施纳贝尔在他的第二次演讲中承认，音乐有一些基本的局限性，比如它缺乏影响和感动每一个人的能力，甚至是对同样学识渊博的

---

　　① 《迪亚贝利变奏曲》（ Diabelli Variations, Op.120 ）：贝多芬于 1819—1823 年写的一首由 33 个变奏组成的变奏曲。主题是根据出版商迪亚贝利的《圆舞曲》创作而成。

　　② 阿图尔·施纳贝尔，《美国之路》（ The American Way ），1941 年，未出版文章的草稿。艺术学院，阿图尔·施纳贝尔档案，ASA510。

音乐学家。然而，音乐中的"不确定"和触摸不到的性质，正如施纳贝尔所说，不应该通过文字语言来表达，它构成了这种限制的基础，同时也是真正艺术中最基本和最必要的性质之一。施纳贝尔对音乐会曲目中重要作品所体现出的独特平衡的诠释，来自于他能够接受甚至鼓励明显对立方共存的能力。事实上，许多音乐中具有重要意义的东西不可能被翻译成文字，也无法来明确无误地证明什么是或不是艺术作品，也不是一个公开的邀请函来主观地声称对一个作品武断的判断仅仅是个人的品位问题。对于施纳贝尔来说，这就是反复地参阅乐谱的理由，而每一次都要对作品做到连续而独到的听觉上的实现。

在为施纳贝尔所著的《我的生活与音乐》(*My Life and Music*)一书的导论中，爱德华·克兰克肖（Edward Crankshaw）写道，施纳贝尔是那种"表里一致的人：即使有时会计划一个不同的过程，但锁定的范围是不会变的"[1]。正如施纳贝尔演讲时所说的那样，如果施纳贝尔对个人和音乐事业中坚定不移信念的忠诚导致了他基本思想的重复，从另一方面来说这恰恰是为不断发展及改变诠释其他作曲家的作品提供了坚实的基础。更重要的是，他给了自己的作品绝对的艺术自由。正是这种看似不合时宜的立场和"局外人"的身份，使得施纳贝尔在哈佛大学讲座上的冒险程度超过了之前的任何讲座。

人们可能会说，如果没有翻船的危险也就失去划船的意义了，但是这意味着忽视了整个演讲的潜在信息和动力，也意味着没有

---

① 爱德华·克兰克肖在《我的生活与音乐》中的介绍，第xi页。

认识和承认对于施纳贝尔终生所遵循的、沿着最大的阻力路线的探索，以及对难以捕捉并千变万化艺术作品的毕生追求。施纳贝尔虽然言辞犀利，但他并不是一个悲观主义者。重要的是，哈佛演讲呼吁所有的音乐家和音乐爱好者逆流而上，以保留施纳贝尔所认为的最具理想主义的潜能之一，也是人类最伟大的礼物之一——纯音乐艺术。

林恩·马西森（Lynn Matheson）